甘薯产业
技术路线图

侯丽薇　杨艳涛　吴永常◎主编

中国农业科学技术出版社

图书在版编目（CIP）数据

甘薯产业技术路线图 / 侯丽薇，杨艳涛，吴永常主编. --北京：中国农业科学技术出版社，2021. 12
ISBN 978-7-5116-5635-3

Ⅰ. ①甘… Ⅱ. ①侯…②杨…③吴… Ⅲ. ①甘薯-农业产业-产业发展-研究 Ⅳ. ①F307. 11

中国版本图书馆 CIP 数据核字（2021）第 263247 号

责任编辑 穆玉红
责任校对 贾海霞
责任印制 姜义伟 王思文

出 版 者 中国农业科学技术出版社
北京市中关村南大街 12 号 邮编：100081
电　　话 (010)82106626(编辑室) (010)82109702(发行部)
(010)82109709(读者服务部)
传　　真 (010)82106626
网　　址 http://www.castp.cn
经 销 者 全国各地新华书店
印 刷 者 北京建宏印刷有限公司
开　　本 170 mm×240 mm 1/16
印　　张 4. 75
字　　数 80 千字
版　　次 2021 年 12 月第 1 版 2021 年 12 月第 1 次印刷
定　　价 35. 00 元

《甘薯产业技术路线图》

编写委员会

主　编： 侯丽薇　杨艳涛　吴永常

副主编： 陈学渊　刘金萍

其他参编人员：

安　岩　韦文珊　陈　静　张　琳

张文博　杨　芳　刘　强

前　　言

技术路线图作为重要的先导性工具和方法得到了广泛应用。以技术路线图为基础的决策和规划，实现目标的途径更为清晰和明确，与市场的结合也更为紧密，应用在具体的产业发展上优势更加突出。

乡村振兴是党的十九大做出的重大决策，是关乎农业农村现代化的重大问题，而产业兴旺是实施乡村振兴战略的最重要方面和着力点，用技术路线图的方法规划和指导乡村产业规划与布局，有较强的针对性和可操作性。

甘薯是我国主要粮食作物之一。我国甘薯栽培面积和总产量仅次于水稻、小麦和玉米，居第四位。我国是世界上最大的甘薯种植和生产国，每年甘薯种植面积近 460 万公顷，约占世界甘薯种植总面积的 40%。本书内容应用技术路线图的基本原理，通过深入分析，制定了国内甘薯产业的技术路线图，并采用真实案例详细说明，期待着产业技术路线图的方法，能帮助政府、科技部门、在制定中短期规划或者研究计划时，可以有效整合资源，推动产业的合理布局和稳定发展。

本书在编写的过程中，得到泗水县农业局的大力支持，在此表示感谢！

作者

2021 年 11 月

目　　录

第一章　产业技术路线图概述及制定方法

第一节　技术路线图的概述

一、技术路线图定义

路线图（Roadmap）在欧洲有时也写作路径图（Route Map），作为旅行者的工具，是对某些特定地理空间的线路规划，用来决定到达某一目的地的线路。路线图给旅行者提供了制订旅行计划所必要的信息，如前进方向及某些具体实施内容在某种程度上的确定性。技术路线图的词义也是来源于此。技术路线图中“路线图”一词传达了技术路线图的主要目的，即画出技术发展或使用的大体方向，给技术人员以及相关人员指明技术航线。但技术路线图和地理路线图有所不同，技术路线图的定义不仅是技术路线图本身，而且注重技术路线图的构建过程（Technology Road Mapping）。现在技术路线图一词既包括技术路线图结果本身，也包括技术路线图的构建过程。技术路线图反映了对某一领域前景的看法，以及实现这个前景的方法。尽管技术路线图已经广泛应用于很多国家、产业和企业，但它还没有一个标准的定义。其主要原因是技术路线图已成为实践工具，使用者的层面和经验各不相同，路线图的表现形式和使用技巧也不一样。

技术路线图是技术经营和研究开发管理的一个基本工具。美国前总统科学技术顾问、哈佛大学教授伯兰斯科姆把技术路线图定义为“以科学知识和洞见为基础的、关于技术前景的共识”。这就要求在绘制技术路线图时，要聚集关联领域的科技专家，有时还需要政府决策者和技术成果使用者参加。也就是说，与产业链上相关的各个方面的代表都应该参加技术路线图的绘制过程。另外，所谓“共识”，是在活跃、活泼的意见交流、交换基础上取得的结果。通过几十年的广泛实践，不同的国家给出了侧重点各不相同的技术路线图的定义，其主要有以下几种说法（表 1-1）。

表 1-1 所列定义中不同的表达方式是技术路线图发展层次不同的表现。美国的经验最多，技术路线图绘制的过程已经比较成熟，所以很关注技术路线图绘制过程的结果-技术路线图本身。英国（或欧洲）的技术路线图出现也比较早，但应用普及率低于美国，他们更关心技术路线图的绘制过程-作为达到对未来看法一致的工具。加拿大和澳大利亚引进时间较短，比较注重于市场的密切结合。我国台湾的技术路线图源于美国的理念，也更加注重结果。

尽管不同国家和地区对技术路线图的定义有不同的说法，但共同的内涵都反映了对某一领域前景的看法，以及实现这个前景所用的手段方法。

表 1-1 技术路线图的定义

国家及地区	定义描述	侧重点
美国	技术路线图是对某一特定领域未来发展的看法。该看法集中了集体智慧和最显著技术变化驾驭者的看法。一般是采用绘图的形式表达出来的，可成为这一领域可能发展方向的一个详细目录（Robert Galvin）	强调结果——技术路线图包含了技术发展的方向
英国	技术路线图是利益相关者关于如何达到未来前景的看法，以及对达到的目标途径的看法。就像地图一样，描述的是从一个地方到另一个地方的路径。技术路线图的目的是帮助这个群体确信其能力是能在合适的时候达到某个目标（David Probert）	强调过程——技术路线图的制定过程是利益相关者形成共识的过程
加拿大	技术路线图是一个过程工具，用以帮助识别行业/部门/公司未来成功所需的关键技术，以及获得执行和发展这些技术所需的项目或步骤	两者都强调是过程工具。其在 20 世纪 90 年代中后期才被引进，注重产品技术路线图，即把产品的内容和技术的发展相联系
澳大利亚	技术路线图作为一个全面的工具，能帮助公司更好理解市场和作为见多识广的技术投资决策。它是一个规划过程：由行业领导帮助公司识别未来的市场产品和服务需求，并评估和选择技术来满足其需求	
中国台湾	技术路线图是未来发展愿景图，它结合了知识、理想，企业、政府资源，相关投资及控管流程。技术路线图对于产品的技术需求提供了确认、评估及选择策略的技术方案，借以达到技术发展的目的。整体而言技术路线图是针对某一特定领域，集合众人意见对重要变动因素所做的未来展望	强调结果

资料来源：谈毅，李雪风．基于技术路线图的产业创新模式初探［J］．中国科技论坛，2005（6）：22-26.

二、技术路线图基本结构

技术路线图是以图形或表格的形式来表达一个高水准的、综合和集成的战略规划。技术路线图所采取的基本结构形式，包括基于时间的多层表，给出了不同战略功能是如何实现的。虽然技术路线图可以采用不同的形式，但是它们都是为了回答三个简单的问题：①我们去向何方？②我们处于何种状态？③我们如何达到目的？多层路线图格式可以概括性地阐述一定范围的层和亚层标题下的主题，该格式能够形成集成方法，并应用于不同技术。

（1）技术路线图顶层　是关于组织期望的目的（知道为什么），以及目的的影响因素（趋势和驱动因素）。

（2）路线图的中间层　是关于通过什么原理实现目的。通常直接与业务内容相关。

（3）路线图的底层　是包括技术在内的相关资源，通过调配和集成这些资源以开发出将资源转化为产品的转换机制（知道如何实现）。

事实上，技术路线图方法与“五个 W 和一个 H 法”① 有着基本相同的目的，其主要用途都是为系统地收集与问题相关的信息提供一个基本框架，由此而收集到的信息可能为问题的解决提供一个新的视角和方法。

三、技术路线图方法的特点

1. 理念新颖

技术路线图与以往的规划方法和分析工具在理念上的不同，主要表现在三个方面：第一，它以“市场拉动”为动因，技术创新须满足企业进入未来市场的需求；路线图不是以“技术推动”为动因，不是关于现存技术有何作为。第二，

① 在“五个 W 和一个 H 法”中，一般性问题可以用五个 W 和一个 H 的疑问句来加以分析和表达。这样，一般性问题就转化为以“谁”（who），“什么”（what），“何处”（where），“何时”（when），“为什么”（why），以及“怎样”（how）这样的疑问词引起的具体问题。W 和 H 型的问题提出之后，对这些问题要加以考察分析，并寻求对其重新定义，通过重新定义，找到一种最适合于要解决的问题的表达。这种表达将作为对解决问题的最后选择。

技术路线图是基于公司或产业的愿景视野，以及到达目的需要什么样的技术。第三，技术路线图提供了一个到达愿景目标的路径，从现在指向未来，可以帮助公司或研发机构识别、选择和开发正确的技术，使之在未来的市场中有恰当的产品。

2. 视角独特

在驱动力、发展战略和路径上的不同：过去的方法以“目标驱动”为动因，采取的是利用资源的发展战略，走的是自下而上的“技术树”的发展道路，形成的是无竞争性市场的、中短期的发展规划。而技术路线图方法是以“市场拉动”为主因，采取的是以能力、机会为基础的战略，形成的是竞争性市场的、中长期的发展规划。另外，从大量的技术路线图中，我们总结出技术路线图具有以下基本特征。

（1）高度概括　技术路线图是用简介的形式概括大量的内容，不只包括最终的图表文字，也包括研究的过程和背后丰富的材料。

（2）高度综合　描绘技术路线图需要综合大量信息，运用各种各样的研究方法，结果简单而过程复杂。

（3）前瞻性　技术路线图最根本的目的是预测未来，并且是将未来技术进步的速度与时间做比较明确的对应，或者标明达到技术目标需要经过的路径，因此技术路线图最重要的用途就是制定发函规划做参考。

（4）不断修正　技术路线图将随着时间的推移、技术的进步而不断修正，它是一个滚动变化的过程。

（5）应用灵活　技术路线图应用范围比较广泛，可以应用于各类主体、各种行业和各个层面，并且可以从不同角度来应用。

3. 原则特点明显

根据技术路线图的基本原理和方法，在技术路线图制定过程中，应遵循以下指导原则：

（1）弹性（柔性）原则　技术路线图的每一次应用都是一次学习经历，需要采取相应灵活的方法来调整，以适应特定的情况。

（2）整合原则　技术路线图的许多好处源于路线图的制定过程，而不仅仅是路线图本身。在这个过程聚集了不同领域的人，为信息和观点的共享创造了机会，并且提供了一个整体考虑问题、创意思维的方法。要充分实现技术路线图的好处，可能需要若干次反复过程。经过整合的技术路线图将推动产业或企业的战略规划过程。

（3）时间原则　技术路线图清楚地表明了时间维度，这在确保研发、技术、产品、服务等协同发展，并及时反映技术和商业环境动态变化等方面，都是极为重要的。

（4）协调原则　多个部门或组织参与制定技术路线图，能够促进知识共享，并有利于形成共同愿景构想，而这种共同的愿景构想将会被付诸行动，并促进协作。

上述技术路线图的理念、特点和原则可归纳为表 1-2 的指导原则。

表 1-2　制定产业技术路线图的指导原则

• 产业主体 • 市场拉动	• 行动导向 • 经验共享	• 保密原则 • 强调机动	• 可持续发展 • 集成技术方案

第二节　产业技术路线图的制定

一、产业技术路线图构成

产业技术路线图的基本结构包括以下五个主层次：市场需求、产业目标、技术壁垒、研发需求和资源状况。其中，每个主层还包括若干个亚层（可根据实际工作需要确定亚层的个数）。

二、产业技术路线图制定过程中需要把握的基本要素

技术路线图的主要功能是描述、交流、计划与协调。通过技术路线图的整合，把宏观的政治、经济、社会文化、外部竞争环境、政策法规等因素与微观的

技术资源等置于一处进行关联分析，从而拓宽了技术创新的视野范围。产业技术路线图的制定包含了技术的、市场的、政策的等多重相互交叉的环节，这几个层面要素是行业的竞争动力。

在制定技术路线图过程中要分析政治、经济、社会、科技、生态、价值等外部环境要素以及资源、研发项目、技术方案、概念产品和市场需求等核心要素。要素有定性要素、定量要素、定时要素、概率要素的区分。技术路线图制定过程主要分析的基本要素见表 1-3。

表 1-3　制定产业技术路线图需要分析的基本要素

基本要素	内容
宏观环境	政策法规、社会文化、政治力量
竞争环境	供应商、竞争对手、替代产品商、分销商、潜在进入者等
技术环境	技术组成、技术发展阶段、替代技术
市场环境	需求发展趋势
组织内环境	战略、文化、组织结构、管理制度、薪酬与激励形式、信息技术基础结构
技术创新层次	涉及的技术创新层次及特征

三、制定产业技术路线图的基本原则

技术路线图绘制的过程中，与技术有关的各个方面的代表都应该参加技术路线图的制定过程，要将众多的专家以及参与者的集体智慧凝练出来，形成一致的“共识”，没有一套科学的工作方法和严谨的管理程序是无法做到的。此外，技术路线图以及技术路线图制定过程本身也是一种创新，而实施创新必须有科学的理论和方法论作为指导。

为实现上述目的，在制定技术路线图的过程中，应当遵循以下工作原则。

（1）按科学规律办事的原则　使每个程序和步骤都符合科学方法，所得结论是科学的，经得起实践检验。

（2）遵循科学管理的原则　在每个程序步骤进行过程中，严格按工作计划和管理规范执行。

（3）理论与实践相结合的原则　努力在技术路线图的制定过程中探索和完善技术路线图理论，实现理论创新。

（4）倡导科学方法，传播科学方法和科学知识的原则　在技术路线图制定过程中向参与者宣传和介绍技术路线图方法论，号召更多的人参与到技术路线图的制定和计划实施工作中去。

（5）倡导合作与共同发展的原则　在技术路线图制定过程中，尽可能多地利用一切可以利用的资源，为技术路线图制定过程提供一个良好的内、外部环境，求大同，存小异，集成大家的智慧和创新思维，推进技术路线图工作健康发展。

第二章　甘薯产业发展状况分析

第一节　甘薯产业地位

我国是世界上最大的甘薯种植和生产国，每年甘薯种植面积近 460 万公顷，占世界甘薯种植总面积的 40%。

我国的甘薯产业整体水平较低，集中表现在产业链短、产业规模小、综合利用水平低；产业技术发展水平参差不齐。种植业比重大，加工比例低，高附加值产品未得到有效开发和利用。虽然近年来这种现状有所改观，但是整体与国外差距仍然较大。

商家和农民对品种或产品的认识不足，品种权得不到有效的保护；产品缺乏标准化，市场不规范，在生产和销售过程中常以外观视觉命名品种或产品。另外，甘薯加工产品也存在产品种类少、产品附加值低、部分加工产品还有添加剂超标等食品安全问题。这些问题的解决，需要政府的积极引导、企业的参与、科研单位的介入等多方推动。

甘薯是高产、稳产、营养丰富和用途广泛的粮食作物。近年来，随着甘薯的营养保健价值被进一步认识，其作为新型营养保健功能食品已日益引起人们的注重，从而在一些较发达地区的甘薯种植面积有所增加。

第二节　甘薯产业国内发展现状

一、国内甘薯生产现状

1. 甘薯种植面积广、单产高

甘薯是我国重要的粮食作物之一，在我国仅次于水稻、小麦和玉米，居第 4

位，它高产、稳产、抗旱、耐瘠，集粮食作物、饲料作物、工业原料作物和生物能源作物于一身，在我国国民经济中占有重要地位。同时，我国是世界甘薯生产大国，目前我国甘薯的收获面积和总产量均居世界首位。2016 年，我国甘薯的收获面积为 329.1 万公顷，占全球甘薯收获面积的 38.2%，生产量为7 079.4万吨，占全球甘薯生产量的 67.3%，单产为 21.5 吨/公顷。“十三五”期间，我国甘薯实际种植面积将稳定在 330 万~350 万公顷，单产和年产量分别达到25~30吨/公顷和 0.8 亿~1.0 亿吨。

2. 甘薯种植主要划分为三大薯区

经多年实践，考虑到气候条件、甘薯生态型、行政区划、栽培面积、种植习惯等，现在一般将我国的甘薯种植区划为三大区，即北方甘薯主要生产区、长江中下游甘薯主栽区和南方甘薯主要生产区。

（1）北方甘薯主要生产区　该薯区位于我国粮食主产区，农业生产条件好，生产规模大，单产水平高，机械化应用广，种植面积占全国种植面积的 30%左右。辽宁、吉林、河北、陕西秦岭以北和山西北部，一年一熟，主要种植春薯，5 月中下旬栽植。山东全部，山西南部，江苏、安徽和河南的淮河以北地区，陕西秦岭以南，两年三熟，春薯于 4 月下旬至 5 月中旬栽植，夏薯于 6 月中下旬栽植。全区主要种植淀粉型、鲜食型、色素提取型和食品加工型甘薯品种。

（2）长江中下游甘薯主栽区　该薯区的甘薯种植大多位于沿江浅丘、低山地区，虽然农业生产条件较好，栽培面积大，产量水平较高，但整地、移栽和收挖仍然依赖传统的劳作方式。本区为夏薯区，主要包括重庆北部地区、湖北、安徽和江苏淮河以南地区，一般每年 3 月上旬开始种薯育苗，5 月中旬移栽到田间，不少地方采用甘薯和玉米套作，10 月中下旬开始收挖。近年来本区冬季改种蔬菜和其他经济作物，传统的麦—玉—苕间套耕作方式面临巨大挑战，其面积呈下降趋势。

（3）南方甘薯主要生产区　该薯区的甘薯种植面积占全国种植面积的 20%左右，主要包括贵州、湖南、江西、浙江、福建、广东、广西和台湾。这些地区以宽垄单行种植为主，种植密度较稀。本区北部以夏薯为主；南部一年四季均可种植，主要以秋薯为主，冬薯次之，再次是夏薯。因田块小、地形地势起伏大，该区甘薯生产机械化程度较低，多以中小型机械为主。

3. 甘薯品种多，但专用型品种少

在甘薯种植省份中，食用型甘薯品种有：南薯 28、川薯 20、绵薯 8 号、北京 553、徐薯 34、苏薯 8 号、日本川山紫、苏薯 8 号、龙薯 9 号、烟薯 25、西农 431、广薯 87、广紫薯 8 号、普薯 32 号、济薯 18、秦薯 4 号、苏薯 8 号、桂薯 131、福薯 404、广薯 161、龙薯 13 号、板栗灰薯 。淀粉加工型品种有：绵薯 6 号、南薯 88、豫薯 13 号、渝薯 17、万薯 34、皖苏 178、阜徐薯 20、徐薯 22、阜徐薯 6 号、徐薯 27。兼用型品种有：豫薯 7 号、商薯 19、广薯 79、广薯 98、渝紫 7 号、豫薯 12 号、渝苏 303、渝紫 263、渝苏 303、秦薯 5 号、金山 630，其中广薯 79 和广薯 98 是高胡萝卜素的甘薯品种。鲜食型品种有：济薯 26、徐薯 23 等。

从总体上看，国内食用型甘薯品种较多，其次为淀粉加工型和兼用型品种。然而国内大多数甘薯品种之间的产量和品质较为雷同，经济性状差异较小，同质化趋势越来越明显。此外，专用型品种少，适用于休闲食品加工的特色化品种不多，适用于淀粉深加工的高产高干类品种比较欠缺，鲜薯食用型品种大众化的多，而食香味俱全、口感好、个性化突出的品种少。

4. 甘薯育种目标向多样化发展

随着我国农业产业结构调整以及对甘薯营养价值的再认识，甘薯已不仅仅是重要的粮食、饲料作物，也成为重要的工业原料和新型生物能源作物，具有重要的经济价值，目前我国甘薯育种目标正向多样化方向发展。

高淀粉甘薯育种。我国高淀粉甘薯育种始于“六五”期间，先后育成的高淀粉甘薯有苏薯 2 号、绵粉 1 号、遗 306、冀薯 2 号、苏薯 3 号、皖薯 3 号、鄂薯 6 号、徐薯 24、烟薯 22 号等多个品种。但是，几十年来，在我国甘薯生产中占主导地位的徐薯 18 淀粉含量只有 15%~20%，远低于日本品种，可见我国高淀粉甘薯新品种选育的潜力还很大。

高胡萝卜素甘薯育种。我国台湾地区利用从美国引进的高胡萝卜素品种 Centennial 为主要亲本，采用杂交育种的方法，育成了台农 63、台农 13、台农 16、台农11、台农15、台农6等高胡萝卜素甘薯品种。我国大陆地区先后育成了一批胡萝卜素含量较高的甘薯品种，如：苏薯4号、鲁薯8号、徐43-14、岩薯5号、岩薯27、烟薯27、绵薯4号、瑞薯1号、福薯26、丽群6号等。

高花青素甘薯育种。近年来，我国已开始重视紫心甘薯品种的培育，广东、山东、江苏、湖北等省均有紫心甘薯品种通过审（鉴）定。江苏省农业科学院粮食作物研究所培育出的紫心甘薯品种宁紫薯1号，花青素含量为224.1毫克/千克。由山东省农业科学院作物研究所育成的济薯18，花青素含量中等，但该品种产量高，加工品质好，已用于批量生产薯脯、甘薯全粉等加工产品。

菜用甘薯育种。我国台湾地区很早就开始菜用甘薯品种的选育，先后育成了台农2号、台农68、台农71等菜用甘薯品种，现已在我国南方许多地区种植。大陆地区在20世纪80年代后期开始对一些育成品种进行叶菜用目的的筛选，选育出叶、薯两用品种，如鲁薯7号、北京553、莆薯53等。我国专门启动了国家菜用甘薯区域试验，福薯10、福薯11号、广薯菜1号、广薯菜2号、阜菜薯1号等正在进行区域试验。

观赏甘薯育种。近年来我国也开展了观赏甘薯的引种、培育工作。中国农业科学院甘薯研究所将观赏甘薯分为观叶甘薯、观花甘薯、观赏药用甘薯和观赏菜用甘薯4类，进行盆栽观赏甘薯品种资源的筛选。当前选出的盆栽观赏甘薯品种中，观叶甘薯有台薯81-5、台湾紫秧、葡萄叶、竹西本；观花甘薯有高自1号、w-4、美1-109；观赏药用甘薯西蒙1号；观赏菜用甘薯莆薯53、福薯7-6等。

病虫害抗性育种。我国先后育成了高抗根腐病、高抗根结线虫病、高抗茎线虫病、高抗黑斑病以及高抗薯瘟病的甘薯品种，这些品种多数已在生产上大面积推广应用，使甘薯病害得到了一定的控制，但是甘薯抗病虫育种的形势依然严峻。新发生的病害，如黑痣病、紫纹羽病、黑腐病等尚未得到控制，特别是SPVD病毒病已对甘薯产业构成严重威胁。

适于机械化作业育种。我国在适于机械化种植的甘薯育种方面研究较少，甘薯种植机械化程度普遍较低，在山区丘陵地区几乎全部为人工作业，许多地方甘薯面积下降的重要原因不是效益低，而是机械化程度低，种植劳动强度制约了甘薯产业的发展。但是我国已有用于甘薯起垄、收获的机械，并持续开展了对“迷你型”甘薯品种机械化栽培和收获的研究。

5. 迫切需要发展脱毒种薯

我国南方沿海省份如广东、福建、海南等地临近中国香港、澳门、台湾及东南亚地区，地理位置优越，交通便利，是出口贸易的窗口，当地的甘薯生产不仅满足本地的菜薯供应，还是出口创汇的主要项目。由于这些地区均属于低纬度、低海拔的亚热带地区，危害甘薯的各种病毒毒源多而杂，病害严重，且全年均有蚜虫危害，甘薯品种的退化速度较快，就地留种的可能性不高，因此需要每年从北方甘薯区调用种薯以保证当地甘薯的正常生产。而北方大部分的甘薯种植地区每隔3~5年也需要更换一次种薯以解决退化问题，因此北方甘薯种植区也急需大量适应生产需求的优质脱毒种薯，发展脱毒种薯可以有效解决甘薯生产中长期存在的病毒种性退化问题，促进甘薯生产和发展。

二、国内甘薯市场消费现状

1. 甘薯产品消费结构变化特征明显

（1）产后加工比重明显上升　目前我国甘薯收获后的鲜薯总量的70%~80%进入加工处理的各个环节，主要加工成淀粉、粉丝粉条、全粉、薯干等制品，其中以淀粉类为主。近年来我国更是加强了对薯类淀粉加工机械和加工技术的研究与推广，推动了淀粉加工业和薯区农村经济的发展，全国每年通过淀粉加工消费鲜薯3 500万吨左右。

（2）消费人群由农村居民转向城市居民　随着对甘薯营养价值认识的不断提高，我国居民食品消费观念逐渐发生改变，城镇居民的甘薯消费量逐年增加。我国是一个地域广大、人口众多、人群结构复杂的国度，不仅对甘薯食用需求量大，在品类喜好上也有很大的选择空间，随着老年社会的到来，会有越来越多以追求“健康为中心”的人群成为甘薯的消费对象。

（3）甘薯食用产品多样化　甘薯消费除了鲜薯以外，甘薯粉丝、粉皮、全粉、薯干、薯片等产品每年进入市场近500万吨以上，成为人们的方便食品，目前中国甘薯淀粉制品的人均消费量在2千克左右。

（4）饲料用比重下降　过去30%~50%的甘薯被用于养猪饲料。据近年来的全国调查资料表明，甘薯直接作为牲畜饲料的比重明显下降，一般认为总体上不超过10%，主要原因在于农村养殖结构的调整，农村个体养殖被规模化养殖所取代，以玉米为主要原料的商用饲料占主体，而淀粉加工残留的薯渣依然用于饲料。

2. 甘薯市场有良好的发展形势

（1）我国甘薯出口东南亚的市场潜力大　随着经济和甘薯产业的发展，我国周边国家对甘薯种薯的需求急剧增加。东南亚国家的甘薯产业近几年来快速发展，但是由于多数国家本国无法留种，因此，每年种薯的进口需求量较大。我国如果能够将东南亚国家的市场进行开拓，其将成为我国一个重要的甘薯出口市场。

（2）良好的国际市场促进我国甘薯原料市场的发展　由于甘薯加工业的发展，我国对甘薯原料需求快速增加。以甘薯淀粉为例，近年来甘薯淀粉加工已成为甘薯产区一大投资热点，我国除直接出口甘薯淀粉以外，国内的一些甘薯淀粉加工制品尤其是高端甘薯粉丝、甘薯粉条也日益受到国际市场的青睐，韩国、日本、泰国等国家对我国甘薯淀粉制造业的依赖程度较高，良好的外部需求条件使得我国的甘薯原料市场形势大好。

三、国内甘薯精深加工物流发展现状

1. 甘薯加工产品市场发展趋势良好

国内甘薯加工产品市场在大中城市呈现出良好的发展趋势。北京、上海、广州、西安、郑州等全国大中城市，甘薯粉条、甘薯粉丝、甘薯淀粉等甘薯副产品在各大超市中均占有一席之地，从各种渠道进口的其他以甘薯为原料的休闲食品消费也在快速增长。

2. 甘薯加工业总体水平落后

目前，我国甘薯加工产业多种生产方式并存，主要有家庭手工作坊、专业户半机械化的中小型加工厂和上规模的全程自动化流水线加工企业等，其中，根植于农村千家万户的家庭作坊、小规模家庭企业甘薯以及甘薯专业合作社联户经营的加工厂占有较大的比重，这在一定程度上决定了我国甘薯加工产业的规模化和集约化程度还不高。

虽然在甘薯加工产业的发展过程中，我国大量传统落后的家庭作坊、小企业或被淘汰，或被先进的大中型规模化企业所取代，但是受成本增加、产能过剩、投资放缓等因素的影响，我国甘薯加工业总体水平比较落后，每年因生产甘薯淀粉而排放的废液估算约1 650万吨，薯渣约550万吨，薯皮约110万吨。薯浆中含有蛋白、多酚和β-淀粉酶等成分，薯渣中则富含膳食纤维和果胶等成分，这些成分具有较好营养和保健特性，在食品和医药工业中有广泛的应用前景。然而目前这些副产物不仅未得到有效利用，肆意丢弃后还会污染环境。

3. 甘薯生产加工物流体系总体不成熟

龙头企业是带动整个甘薯产业发展的一个关键因素，要选定一些规模较大、效益较好的企业给予扶持，以带动当地甘薯生产加工物流的发展。目前，一些地方已走上了以市场为引导，以甘薯加工企业为龙头，实行生产、加工、销售一体化经营的路子，建立了“企业+基地+农户”的经营模式。如四川光有薯业、成都白家粉丝企业、山东泗水利丰食品有限公司、河南天豫薯业股份有限公司等龙头企业均是一些成功的范例。从全国来看，虽然我国的甘薯种植面积大、种植区域广泛，但是生产加工物流体系相对较成熟的省份仅有四川、河南、山东、江西、浙江，甘薯的生产加工物流体系总体不成熟。

第三节　甘薯产业国外发展现状

甘薯作为重要的薯类作物，近年来其营养保健作用受到世界范围内的高度重视，发达国家更是形成了食用甘薯的热潮。这不仅带动了甘薯种植业的发展，也进一步活跃了世界甘薯的进出口贸易。

一、国外甘薯产业发展趋势

1. 世界甘薯种植面积波动上升，甘薯主产区域的种植面积普遍下降

甘薯广泛种植于世界上 110 多个国家，主要生产在北纬 40°以南地区，尤其以亚洲和非洲的发展中国家和地区最为集中，美洲、大洋洲和欧洲地区种植极少。根据联合国粮农组织（FAO）统计，2016 年世界甘薯收获总面积为 862. 4 万公顷，总产量 10 519. 1 万吨，平均单产 12. 2 吨/公顷。其中亚洲的收获面积为 391. 4 万公顷，约占全球甘薯收获面积的 45. 4%，产量为 7 859. 6 万吨，约占全球总产量的 74. 7%，单产为 20. 1 吨/公顷，三项均居五大洲首位。就国家来说，中国甘薯收获面积最大，约占全世界甘薯收获面积的 38. 2%，其次为印度尼西亚、印度、菲律宾、古巴、美国和日本。

总体上看，一方面，世界甘薯的种植面积在波动中上升；另一方面，从世界甘薯主产区域来看，截至 2016 年，甘薯的种植面积呈递减趋势（图 2-1）。

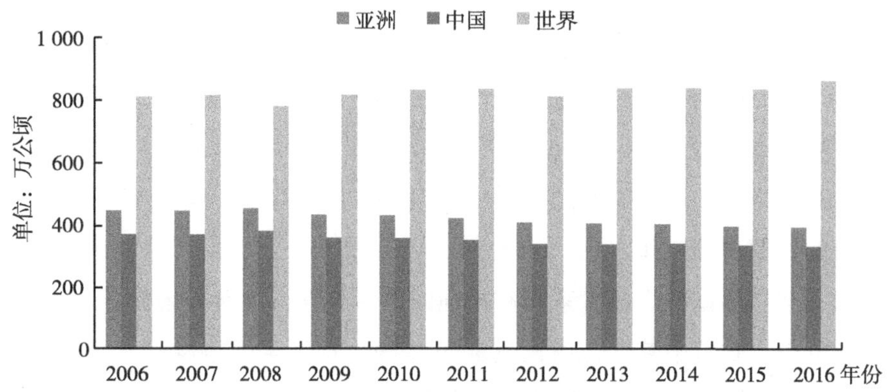

图 2-1　2006—2016 年世界甘薯种植面积变化

数据来源：FAO

2. 品种专用化是世界甘薯发展的主要方向

为适应国内外的甘薯市场发展需要，世界各国注重专用型品种的选育，重点把培育不同加工需要的品种确定为优先发展目标。目前世界上的甘薯品种主要分为淀粉加工型、食用型、兼用型、菜用型、色素加工型、饮料型和饲料加工型。

发达国家在甘薯育种目标中强调食用保健品质、抗病虫及适宜机械化操作等，并且注重甘薯种植在满足市场需求的同时要减少农药的施用量。

高淀粉甘薯育种。日本早在20世纪60年代就开始了甘薯高淀粉育种，先后育成了南丰、金千贯、农林4、农林5、农林60、农林61等高淀粉品种，目前在生产上推广的高淀粉品种的淀粉含量已达到28%~30%。近年来，日本在甘薯育种目标中还对淀粉品质提出了更高的要求，具体表现为淀粉颗粒大，不含β-淀粉酶，不易氧化变褐，直链淀粉含量低，且日本现已育成了不含β-淀粉酶的高淀粉品种农林40、农林6等，直链淀粉含量低于10%的品种有Kyukei、89376-12等品种。此外，荷兰、东南亚国家和非洲国家也十分注重高淀粉甘薯的育种工作。

高胡萝卜素甘薯育种。胡萝卜素是维生素A的前体，具有多种保健功效，胡萝卜素含量是食用甘薯营养品质的一个重要指标。美国在较早的育种计划中就把提高胡萝卜素含量作为一个重要的目标，育成了一批胡萝卜素含量在100毫克/千克以上的品种，如Centennial、Virginan、Allgold、Gem等。亚洲蔬菜研究发展中心（AVRDC）育成了胡萝卜素含量在100毫克/千克以上的甘薯品种AIS35-2、AIS0122-2、CI591-51等。在撒哈拉以南的非洲地区，超过五分之一的学龄前儿童患有维生素A缺乏症，甘薯可以增加维生素A和β-胡萝卜素的摄入，并由此加强人体免疫系统并降低失明的发生率，因此加强高胡萝卜素甘薯育种也是非洲地区重要的甘薯育种工作之一。

高花青素甘薯育种。花青素具有很强的抗氧化性，能有效地防止衰老和提高人体的免疫力。甘薯中紫红色薯肉的颜色越深，花青素含量越高。日本在20世纪80年代开始着手高花青素甘薯品种的筛选和改良，先后育成了山川紫、Ayamurasaki等品种，花青素含量达200毫克/千克。韩国于1998年育成了适合食品加工用的紫心甘薯品种Zami。德国黑薯也是高花青素甘薯品种的重要代表之一。

菜用甘薯育种。菜用甘薯一般取甘薯茎尖生长点下10cm左右的嫩茎最为合适。甘薯茎尖嫩叶富含蛋白质、矿物质、维生素C和高纤维素，作为蔬菜食用的营养价值很高。甘薯叶在美国、日本和中国台湾、香港等地区已作为一种新型蔬菜加以食用，亚洲蔬菜研究中心已将甘薯叶列为高营养蔬菜品种，并称其为“蔬菜皇后”。日本近年推出的茎尖用甘薯品种有关东109、翠王，叶柄用甘薯品种有农林48号等。韩国则育成了绿色茎尖、紫色茎尖的菜用甘薯品种。

观赏甘薯育种。著名的观赏甘薯品种是具有深紫色或紫黑色簇生叶的Blackie，这是第1个用于绿化产业的观赏甘薯品种。此外还有Caroline系列，该系列品种的甘薯叶片均为深锯齿形，有绿色、亮绿色（柠檬绿）、紫色和铜黄色4种颜色。观赏甘薯还有Tricolor、AceofSpades、金色甘薯和彩叶甘薯等多个品种。现在观赏甘薯已经普遍应用到了美国的家庭、园林绿化中。

病虫害抗性育种。日本在研究甘薯抗根结线虫病和黑斑病方面取得了很大进展，现已育成高抗根结线虫病的品种农林37、农林40、农林49，抗黑斑病的品种农林9等。英国农业遗传研究所培育出了甘薯抗虫新基因，它使昆虫（如象鼻虫）不能吸收所需要的蛋白质，其幼体因营养不良而死亡。甘薯蚁蟓即甘薯小象甲是热带和亚热带地区甘薯生产上的一种毁灭性害虫，甘薯中至今还没有发现有效的抗原，东南亚国家、南美洲国家和非洲国家在病虫害抗性育种方面的任务十分繁重。

适于机械化作业育种。日本、美国、英国等发达国家已经把适于机械化操作作为甘薯育种目标之一。在日本，从甘薯的插秧到收获都有专用的机械化设施。

3. 发展甘薯的药用价值和保健功能成为主要潮流

甘薯块根主要提供碳水化合物，是淀粉和膳食纤维的良好来源，丰富的膳食纤维含量使甘薯能在防治肥胖、便秘、高血脂、高血压等疾病方面发挥重要的作用。另外甘薯块根中还含有相当丰富的胡萝卜素、维生素C、钙、镁、钾等营养素，可以防治夜盲症、眼干燥症、维生素C缺乏症等各种因微量营养素摄入不足而导致的营养缺乏病。甘薯叶中微量营养素的含量比块根更高，可以与菠菜相比。

此外，甘薯块根和茎叶中还含有蛋白质、糖类化合物、脂肪、花青素、黄酮类化合物和多酚类化合物，不仅具有很好的营养价值，还有抗氧化、抗突变、抗炎症、抗癌、抗病毒、抗衰老、免疫调节及保护心血管等多种功效，是一种很好的药物添加剂。

甘薯在民间医药中也有多种多样的用途，已经有一部分被现代科学实验证明是有效的。例如：甘薯纤维（外用）与其他药物合用可以在治疗烧伤、褥疮等皮肤损伤方面发挥作用，使损伤面积减小、愈合速度加快；甘薯叶冻干粉则具有抗菌作用，能强烈抑制各种革兰氏阳性菌和革兰氏阴性菌的生长，而且同时对双歧杆菌等益生菌的生长没有影响，因此可用于食物的保藏和杀菌。

4. 提高甘薯种植的机械化水平是促进甘薯产业发展的重要因素

甘薯是一种劳动环节较多的土下类作物，需要先通过育苗，后进行裸苗移栽，种植环节主要涉及：剪苗、耕整起垄、移栽、田间管理等。目前发展中国家由于对甘薯的前期研发投入较少、技术装备储备不足，导致甘薯现阶段生产手段与其他作物相比，机械化生产水平相对落后。随着农村劳动力不断转移，甘薯生产用工量多、劳动强度大、用工成本高、综合收益不高的现状已严重影响了农民的种植积极性，制约了甘薯产业的健康快速发展。而美国、日本、加拿大等发达国家对甘薯生产机械化技术及装备研发起步早、投入大、发展快，已形成排种机、剪苗机、起垄机、移栽机、切蔓机、收获机（分段收获、联合收获）等系列产品，甘薯生产机械早已实现专用化、标准化，其作业功效是传统人工的数十倍（图 2-2）。

剪苗机。剪苗机械应用于美国、日本、加拿大等国家的规模化种植区域。作业时需要将薯苗全部剪掉，然后由机械将大小苗分开，容易造成较小的秧苗被浪费掉。此种模式虽浪费了一些小苗，但适宜机械化生产，大大节省了人工剪苗的用工量，剪苗机械的应用为甘薯规模化生产提供了便利条件。

（1）　　　　（2）

图 2-2　甘薯机构作业设备

起垄机。起垄机的机型有很多种类，比较简单的是一次作业可起一垄或两垄，同时也可结合覆膜机覆盖地膜。在种植面积较大的地区常采用大型的起垄机，由大功率拖拉机牵引，可一次作业4~5垄，且可实现整平垄体、覆盖地膜，便于后续移栽。日本等国家开发了起垄施肥机，在起垄的同时将肥料施入垄内，保持肥效利用最大化。另外，日本还研制出了起垄镇压技术以及适应不同垄形的起垄机装备，很好地满足了生产需要。

移栽机。目前美国种植农场使用的移栽机主要是链夹式裸苗移栽机，其悬挂于大功率拖拉机后部，一次性可栽插十几行。日本注重农机与育种栽培的结合，重视甘薯机械移栽技术研究，其研制移栽机具主要有牵引乘坐式人工栽插机、小型自走带式移栽机、破膜栽插式移栽机等形式（图2-3）。

图2-3　甘薯田间作业

收获机。在欧美发达国家，甘薯收获机械的研制技术较为成熟，收获过程基本实现现代化。较为典型的是美国 Lockwood 公司生产的甘薯收获机，按照块茎收集方式可分为箱式收获机和直接装载式收获机。英国 Standen 公司生产的牵引式甘薯联合收获机属于大中型机械，主要包括挖掘、输送、分离和升运装车等功能，整机长度较长，功能比较完善，可以直接在未处理过的薯秧地表进行作业。国外在小型甘薯收获机方面，以日本为代表，主要功能是挖掘和输送，结构比较简单。

田间管理机械。田间管理环节，国外田间管理机械多借用其他作物，通用中耕除草机、高效折叠喷杆喷雾机、植保无人机等，技术相对成熟。

二、国外甘薯的消费情况

由于历史和传统习惯的不同，各国对甘薯的消费方式存在较大差异。

1. 发达国家的甘薯消费以加工食品为主

日本、美国、韩国等发达国家甘薯主要用作方便食品和鲜食消费，比较强调甘薯的保健作用。日本近年甘薯种植面积大幅度减少，主要因廉价玉米淀粉的进口而取代了甘薯作为主要的淀粉原料，现在其主要消费形式为加工方便食品和鲜食，但相关研究部门正在开发利用地上部茎叶，以及紫色薯粉和天然色素等新用途。美国对甘薯作为辅食用途极为重视，主要将甘薯作为食品直接消费，他们偏爱红心干面的品种。韩国则强调开发保健食品，探索甘薯对人类健康有益的特殊功能。

2. 发展中国家的甘薯消费以鲜食为主

印度、越南等经济相对落后国家的甘薯面积相对稳定，甘薯作为粮食的功能并没有衰退，这些国家的主要消费形式为直接食用或用作饲料，也有少部分作为方便食品来消费。非洲一些国家几乎将甘薯全部作为食物，甚至作为主要食物之一，乌干达、布隆迪等国的甘薯人均年消费量在 100 千克左右。

三、国外甘薯的市场贸易状况

在国际甘薯进出口贸易方面，据 FAO 资料显示，2016 年世界甘薯进口量排在前10位的国家分别是英国、荷兰、加拿大、法国、德国、阿根廷、泰国、日本、比利时、美国；甘薯出口量排在前10位的国家分别是美国、荷兰、西班牙、加拿大、马里、中国、巴西、越南、埃及、洪都拉斯，如图2-4所示（左图：进口国，右图：出口国）。

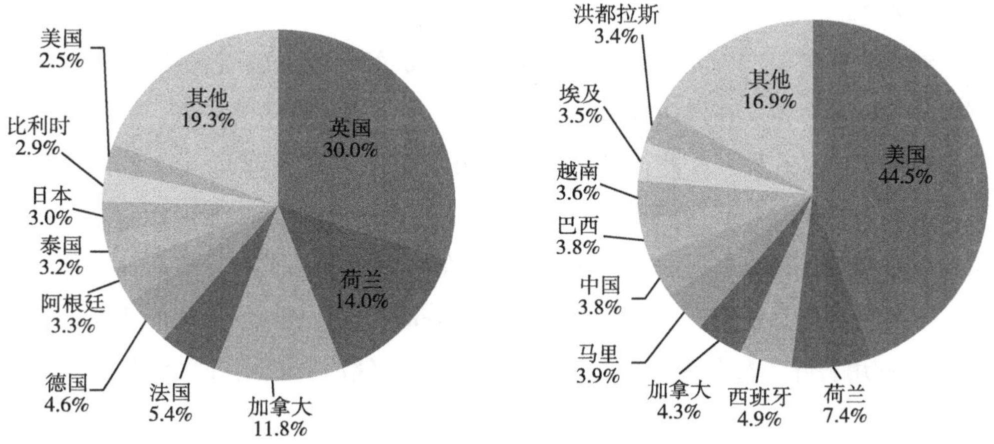

图2-4　世界主要甘薯进出口国的贸易情况

数据来源：FAO

其中，2016年英国的甘薯进口量占世界甘薯总进口量的30.0%，位居世界第一位，而荷兰和加拿大的甘薯进口量分别占世界甘薯总进口量的14.0%和11.8%，与英国相比还是有很大的差距；在甘薯出口贸易方面，2016年美国的甘薯出口量占世界甘薯总出口量的44.5%，荷兰的甘薯出口量占世界甘薯总出口量的7.4%，西班牙的甘薯出口量占世界甘薯总出口量的4.9%。综合来看，美国、荷兰、加拿大在甘薯的国际进出口贸易中占有重要的地位。虽然发展中国家的甘薯消费量高于发达国家，但其在国际甘薯贸易中处于劣势地位。

四、国外甘薯精深加工业发展现状

加工产业位于整个甘薯产业链的下游，是产业链延伸的重要环节，也是甘薯增值最有效的环节。从总体上看，世界甘薯的直接利用和加工利用均以食品用途为主，以工业加工和饲料加工为辅。

1. 甘薯加工产品的种类多、用途广

全世界以甘薯为原料，经过初加工和深加工的产品多达2 000多种，这些产品除了直接食用和农业用途外，还被广泛用于食品、医药、饲料、轻工业、清洁能源等领域。

通常甘薯深加工可分为三大类，即甘薯淀粉及其衍生物；甘薯主食食品及休闲食品；甘薯全粉。在发达国家甘薯多被用来加工成营养保健食品，国外的甘薯食品主要有以下几种：一是方便食品、快餐食品、方便半成品，如薯米（粒）、薯粉（含甘薯膨化粉）、薯面、脱水薯片（条、泥）等；二是休闲食品，如膨化薯片、薯脯等；三是甘薯饮料、甘薯罐头酒等。日本利用黄心甘薯品种、紫心甘薯品种和烤甘薯品种生产出3种甘薯啤酒SatsumaGold、SatsumaPurple和Satsuma-Black；利用薯叶、薯藤为原料生产出甘薯藤叶保健酒；利用日本黑薯、日本黄薯等特色品种生产出色泽鲜美、营养丰富、具有明显的抗氧化、消除自由基和活性氧，减轻肝脏机能障碍等功效得的健康饮料；四是从甘薯中提取胡萝卜素等成分，制作食品配料等。

日本利用薯干为原料可生产2 000多种高级工业产品，日本ToyotaMotorCorp公司在2003年开始利用甘薯生产可降解生物塑料，并计划在10年内用生产出的可降解生物塑料替代30%的汽车塑料部件。在美国、巴西、菲律宾等国，甘薯主要用于生产乙醇，缓和国内能源紧张的局势。

2. 甘薯深加工业有广阔的发展前景

从世界范围来看，甘薯加工业发展大致有两种类型：一类主要是在大规模甘薯精淀粉生产线的基础上发展淀粉衍生物生产，如中国、菲律宾等许多亚洲国家。美国、日本等发达国家在淀粉衍生物的研发与应用方面处于世界前列。另一类主要是发展薯面、薯片、薯脯、全粉等快餐及方便食品，此类加工企业相对集中于美国、英国、巴西等国家。不同产品在不同的国家和地区有不同的供求状态，如发达国家劳动力成本高、甘薯种植业优势不突出，一般已不再侧重发展淀粉初加工，而是把消费需求集中到加工增值空间大的薯片、全粉等食用类产品，做成强势产业，不断向外拓展市场。近几年来，随着经济全球化的发展，越来越多的东方国家也已开始接受这些甘薯主食食品，在国内原有的加工基础上延伸产业链，生产适合国内需求的甘薯加工食品。

第三章　山东泗水甘薯产业

第一节　山东泗水甘薯产业背景

一、地理位置条件

泗水县位于山东省的中南部，泰沂山区的南麓。北纬35″28′~35″48′，东经117″5′~117″35′。东靠平邑，西接曲阜，南邻邹县，北连新泰，西北与宁阳搭界。县境横距46千米，纵距40.6千米，总面积1 091.79平方千米。县城位于县境中部偏西，济河下游。东至平邑县城40千米，至县界35千米；南至邹县县城47千米，至县界20千米；西至曲阜市30千米，至县界17.5千米；北至新泰市80千米，至县界17.5千米。县境东西最大横距46千米，南北最大纵距40.6千米，总面积1 091.79平方千米，辖10镇1乡2个街道办事处，598个行政村（居），62万人。

泗水地处京福、京沪、日东高速公路相交的大三角中心位置，拥有方便快捷的海陆空交通网络。兖石铁路、日东高速公路、327国道贯穿东西，244省道纵穿南北，新欧亚大陆桥日照至鄂尔果斯铁路在境内穿行。东连日照海港180千米、青岛海港300千米；西接京福、京沪高速10千米；距曲阜机场75千米、济南国际机场130千米；离京沪高速铁路出入口20千米。全县公路长度664.5千米，其中国道、省道90千米，368个村实现道路硬化。邮政、电信事业蓬勃发展，城镇建设日新月异。

泗水地势南北高，中部低，由东向西倾斜。南北是低山丘陵，约738.5平方千米，占总面积的67.6%；中部是河谷平地，约353.22平方千米，占总面积的

32.4%。境内山脉多呈东西走向，以花岗岩、变质岩、灰岩为主。大小山头561个，海拔500米以上的有11个。北部凤仙山最高，海拔608米；南部长峰峪山次之，海拔574.3米。境内河流属淮河水系，东西流向为多，共33条，境内总长412.4千米，流域面积1 015.54平方千米。泗河是境内唯一大河，发源于泉林陪尾山下，因趵突、响水、洗钵、红石4泉汇流而得名，境内长52千米。

二、自然资源条件

1. 土壤条件

土壤类型多样。泗水县境内土壤共有棕壤、褐土、潮土三大类，8亚类，15土属，29土种。境内耕地土壤pH值6.5~7.5，普遍中性，土壤适宜种植西瓜、地瓜、花生、马铃薯、绿豆、核桃、板栗、黄金梨等作物。

2. 土地利用现状

2016年，泗水县土地总面积111 811.18公顷，人均土地0.18公顷。其中，农用地84 850.52公顷，占土地总面积的75.89%；建设用地14 815.4公顷，占土地总面积的13.25%；水域2 783.62公顷，占土地总面积的2.49%；自然保留地9 361.64公顷，占土地总面积的8.37%，见表3-1。

表3-1　2016年泗水县土地利用情况

土地利用类别		面积（公顷）	占土地总面积比例（%）
农用地	耕地	84 850.52	75.89
	园地	1 751.79	1.57
	林地	14 156.42	12.67
建设用地	城镇村及工矿用地	12 374.57	11.07
	交通运输用地	1 114.08	1.00
	水利设施用地	1 326.75	1.19
未利用地	河流水面	2 026.52	1.81
	内陆滩涂	757.1	0.68
	自然保留地	9 361.64	8.37

3. 水资源现状

水资源丰富。泗水县境内河流属淮河水系，多东西流向，共33条，境内总长412.4千米，流域面积1 015.54平方千米。泗河在泗水县境内全长52千米，干支流32条，总长360.4千米。流域面积大于100平方千米的还有黄沟河、济河、石漏河3条。同时，泗水县泉水资源得天独厚，泉群种类丰富，姿态各异，水质清澈，为国内罕见的泉水景观资源，主要由泉林、石漏、潘坡、安山、东岩店、鲍村、玉沟、珍珠八大泉群组成。据泗水大小21个山泉实测多年平均统计，泉水日总涌量为26.1万立方米，年总涌量为9 500万立方米，在利用上，主要是引泉灌溉。引泉灌溉和提水灌溉可控制13.4万亩（1亩≈667平方米，全书同）的灌溉面积。其中，泉林泉群的主泉流量达1.335立方米/秒，常年水温14~18℃，总流量4立方米/秒，是山东省日流量大于1万立方米的岩溶大泉之一。全县总水域面积12.16万亩，占总面积的7.4%。现有可利用水面2.03万亩，其中水库水面1.03万亩，占可利用水面的50%；塘坝水面0.51万亩，占可利用水面的25%；坑塘0.49万亩，占可利用水面的24.5%。

泗水县平均水资源总量4.51亿立方米，平均地表水资源量3.22亿立方米，主要靠降水来补充；平均地下水资源量1.29亿立方米，地下水主要以岩溶水为主，地下水位埋深一般2~5米，已探明水源地3个，资源量18.4万立方米/天，地下淡水资源总可采量为0.7亿立方米/年。

泗水县多年平均可利用水资源为1.5亿立方米，而国民经济总需水量为2.166亿立方米，在枯水年可利用的水资源只有0.795亿立方米，国民经济总用水量可达到3.77亿立方米，缺水2.975亿立方米。全县人均水资源量536立方米，约为全国人均水资源量的21%，属于严重缺水地区，水资源供需矛盾突显。

4. 气候条件

泗水县地处暖温带季风气候区，四季分明，春旱多风，夏热多雨，秋高气爽，冬寒晴燥。年温及日温差异较大，温度适宜，热量较多，光照充足，历年平均相对湿度为65%，无霜期200天。

（1）日照　泗水县太阳辐射能比较丰富，全年日照百分率为52%。全县年平均总辐射量为 119.4 千卡/平方厘米，5 月最多为 14.5 千卡/平方厘米，12 月份最少为 5.9 千卡/平方厘米。年总辐射量的年际变化较大，最多为 1 502 千卡/平方厘米，最小为 93.9 千卡/平方厘米，年平均相对变率为 4%，稳定≥0℃期间的总辐射量为 104.2 千卡/平方厘米，≥10℃期间的总辐射量为 82.3 千卡/平方厘米。可照时数一般每天都在 10~14 小时，以 6 月 21 日或 22 日为最长，达 14.6 小时；以 12 月 22 日或 23 日最短，日照时间为 9.6 小时。全县全年的日照时数为 2 411.5 小时，最多年份为 2 757.1 小时，最少为 2 052.5 小时。从各月的情况来看，5 月日照时数最多，为 250 小时，日照百分率达 58%；2 月日照时数最少，为 164.3 小时，日照百分率达 53%；7 月，因正逢雨季，云量多，总辐射量较少，日照百分率也低，只为 46%，对作物生长有一定影响。

（2）气温　泗水县年平均气温 13.4℃，年温及日温差异较显著，1 月平均气温最低为-2.1℃，7 月平均气温最高为 36.7℃。全县大部分地区春季气温从 0℃升高到 20℃，一般需要 87 天；秋季气温从 20℃下降到 0℃，一般需要 80 天，温度变化的速度比较快，平均每 4.4 天气温就上升或下降 1℃。

（3）降水　泗水县常年降水量年均 755 毫米，由于江淮气旋常沿山东省东南沿海移动，所经之处带来丰沛雨量，而泗水县正处暖温气流的迎面坡，因此年降水量分布趋势是由东向西递减。全县降水量的年内雨量分配不均匀，泗水县春季（3—5 月）平均降水量为 100.6 毫米，占全年的 14%，降水变率在 60%以上，其中 5 月中旬和下旬降水量都比 4 月少，影响春作物的播种和出苗；夏季（6—8 月）平均降水量为 475 毫米，占全年的 65%，降水变率为 23%~46%；秋季（9—11 月）平均降水量为 124 毫米，占全年的 17%，降水变率为 53%~73%；冬季（12 月至翌年 2 月）平均降水量为 29 毫米，只占全年的 4%，降水变率为 73%~103%。全县雨季开始平均日期为 6 月 28 日，最早为 6 月 10 日，最晚为 7 月 20 日，平均结束日期为 8 月 8 日，最早为 7 月 26 日，最晚 9 月 10 日。

三、社会经济条件

1. 社会经济基本情况

2017 年，泗水县实现生产总值（GDP）182.36 亿元，按可比价格计算，比上年增长6.6%。三次产业构成比22.3：37.6：40.1。全县人均GDP为33 063元（按年平均汇率折算4 897美元），比上年增长6.1%。全社会固定资产投资166.27亿元，同比增长7.3%；其中规模以上项目投资159.62亿元，同比增长8.5%。施工项目总个数183个，其中亿元以上项目39个，投资额110亿元，占规模以上投资比重为68.9%。全年公共财政预算收入8.22亿元，同比增长1.4%。其中税收收入5.83亿元，占公共财政预算收入的70.9%。民生投入26.6亿元，占财政支出的83.4%。全年全体居民人均可支配收入16 036元，增长9.9%。其中城镇居民人均可支配收入22 717元，增长8.7%；农村居民人均可支配收入11 315元，增长9.7%。城乡居民人均消费支出分别为12 678元和7 962元，分别增长10.9%和11.3%。

2. 三大产业结构现状

（1）第一产业结构现状

2017年泗水县第一产业增加值40.7亿元，同比增长3.6%；对经济的贡献率为12.2%，拉动经济增长0.8个百分点。农林牧渔业实现增加值41.08亿元，增长3.6%，其中，农业增加值30.99亿元、增长8.4%；林业增加值0.22亿元、增长5.6%；牧业增加值9.40亿元、下降10.1%；渔业增加值0.1亿元、增长13.4%；农林牧渔服务业增加值0.38亿元、增长14.3%。农林牧渔及服务业增加值比例为75.5：0.5：22.9：0.2：0.9。

农业。2017年，泗水县农作物播种面积115.9万亩，粮食作物播种面积65.6万亩，经济作物播种面积50.3万亩，粮经作物播种面积比例为56.6：43.4。其中：小麦播种面积27万亩，同比减少0.1%；玉米播种面积26.9万亩，同比增长2.4%；薯类播种面积9.8万亩，同比增长1.3%；油料播种面积21.4万亩，同比减少3.6%；蔬菜播种面积21.1万亩，同比下降4.0%。全县粮食总产量31.02万吨，同比增长1.2%。其中，秋粮19.3万吨，同比增长2.3%。蔬菜产量65.7万吨，同比增长12.8%；油料产量6.07万吨，同比减少3.4%；水果产量5.27万吨，同比增长0.2%。

2017年年末全县拥有农业机械总动力48.14万千瓦，拖拉机及其配套农具2.69万台。农用排灌动力机械8 103台、8.38万千瓦；收获机械2 314台、7.17

万千瓦。全县机耕面积 51.50 千公顷，机播面积 60.31 千公顷，机电灌溉面积 32.15 千公顷。全年农用塑料薄膜使用量2 394.7吨，农用柴油、农药和化肥实物使用量分别为5 738.2吨、723 吨和72 389.6吨。年末耕地面积 84.1 万亩。主要农作物综合机械化水平分别达到 93%。

林业。2017 年森林覆盖率达到 52.26%。全县共完成人工造林49 455亩，其中防护林15 645亩，经济林8 325亩，用材林25 485亩，全年完成县乡道路绿化 260 千米，新开展村庄绿化 128 个。申报创建省市级森林乡镇 2 个、森林村居 11 个。泉林国家森林公园被评为“中国森林养生基地”，“全国森林旅游示范县”，成功创建中国绿色碳汇城市。

畜牧业。2017 年全县畜牧业产值占农林牧渔业总产值比重达到 43.5%。生猪存栏 31.7 万头，出栏 63.3 万头。年末能繁殖母猪存栏 3.2 万头。年末牛存栏 3.4 万头，出栏 3.3 万头。年末羊存栏 30.9 万只，出栏 57.7 万只。年末禽存栏 546.4 万只，出栏1 688.9万只。肉类总产量 8.4 万吨，同比增长 0.6%。禽蛋产量3.8 万吨，同比下降0.5%。连续十一年被列为“全国生猪调出大县”。成功创建全国畜牧业绿色发展示范县。

渔业。全县水产养殖面积1 960公顷，水产品产量达到5 500吨，实现渔业产值8 227万元，比上年增长 13.1%。

（2）第二产业结构现状

2017 年泗水县有规模以上工业企业 217 家，规模以上工业增加值同比增长 6.96%。实现主营业务收入 118.79 亿元、增长 14.2%，实现利润 11.9 亿元、增长 14.5%，利润过千万元企业 45 家。从主导产业来看，建材产业效益得到回升，全年 32 家规上建材企业累计实现主营业务收入 23.5 亿元，利税 6.1 亿元，利润 4 亿元，同比分别增长 50.1%、70.5%和 64.8%；食品产业受利丰、娃哈哈、新绿等企业影响，低位运行，效益下滑，38 家规上食品企业实现主营业务收入 28.3 亿元，利税 2.9 亿元，利润 2.2 亿元，同比分别增长 4.8%、-9.1%和-8.6%；新兴动能持续壮大，44 家规模以上高新技术产业企业完成工业产值 23.30 亿元，同比增长 10.3%，高于全县规上企业总产值增速 0.4 个百分点，占规模以上工业总产值的比重达到 18.01%；工业增加值 56.98

亿元，增长 5.6%。

2017 年，泗水县第二产业增加值 68.48 亿元，增长 4.7%；对经济的贡献率为 26.2%，拉动经济增长 1.8 个百分点。

（3）第三产业结构现状

2017 年泗水县第三产业增加值 73.18 亿元、增长 10.5%，对经济的贡献率为 61.6%，拉动经济增长 4.0 个百分点，第三产业暨服务业对经济增长的贡献率逐年提高，领跑全县经济增长。批发零售业增加值 9.05 亿元、增长 6.0%；交通运输邮政仓储业增加值 11.49 亿元、增长 15.2%；住宿餐饮业增加值 3.91 亿元、增长 6.0%；金融业增加值 8.31 亿元、增长 7.5%；房地产业增加值 8.73 亿元、增长 9.0%；其他服务业增加值 31.16 亿元，增长 12.0%。

2017 年，全县限额以上批发零售住宿餐饮业企业有 111 家，全年实现社会消费品零售总额 104.52 亿元，同比增长 8.3%。其中，限额以上单位零售额 39.35 亿元，同比增长 3.1%，保持平稳增长。按城乡市场统计，城镇实现 82.57 亿元，同比增长 7.0%；乡村实现 21.95 亿元，同比增长 13.7%。按消费形态统计：批发业增长 0.6%；零售业增长 1.0%；住宿业增长 7.7%；餐饮业增长 2.7%。泗水县办理对外贸易经营者备案企业有 13 家，正常开展自营进出口业务的企业有 46 家，共实现进出口总额54 867万元，同比增长 3.6%。其中，出口51 020万元，同比增长 3.2%，进口3 847万元，同比增长 8.4%。截至 2017 年年底，泗水县金融机构人民币存款余额 183.20 亿元，比年初增加 25.60 亿元，其中，住户存款 145.02 亿元，比年初增加 15.19 亿元；人民币贷款余额 91.90 亿元，比年初增加 4.18 亿元，存贷比 50.2%。

第二节　山东泗水甘薯产业发展现状

一、泗水甘薯生产现状

泗水是多山区多丘陵的农业县，具有悠久的甘薯种植历史，甘薯是县内农户种植的重要农作物之一。近几年泗水县甘薯种植面积保持稳定，2016 年全县甘薯种植面积 9.7 万亩，总产量 6 万吨。其中圣水峪镇、济河街道种植面积较大，均在15 000亩以上，分别占全县种植面积的 20%和 19%。泗河街道、柘沟镇、中

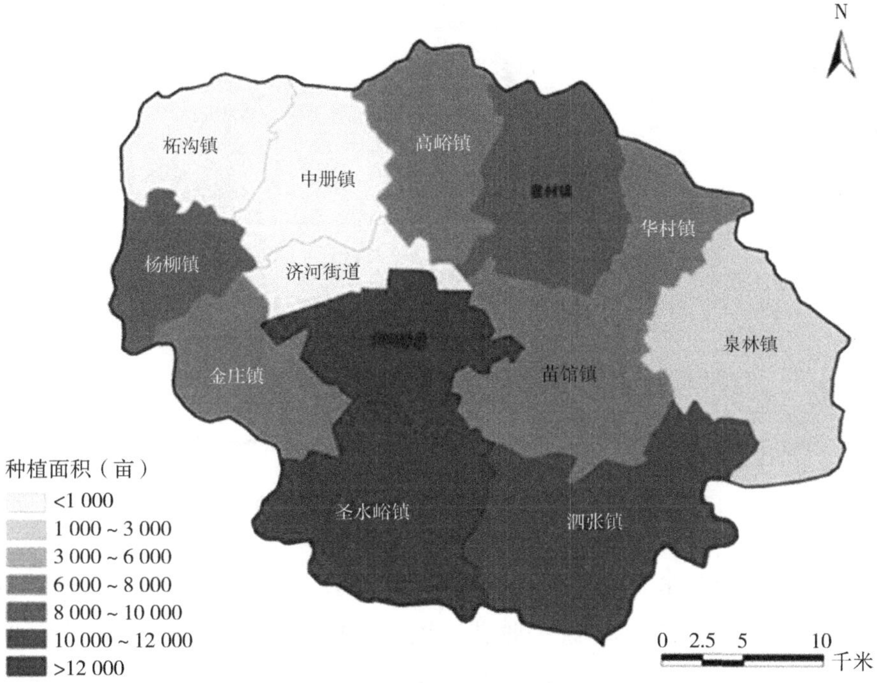

图 3-1　2016 年泗水县各乡镇甘薯种植面积分布

册镇种植面积较小，均小于1 000亩，加总面积只占全县种植面积的 2%左右。目前全县甘薯种植基地 24 个，济河街道 4 个，金庄镇、中册镇、苗馆镇、圣水峪镇各 3 个，泉林镇、泗张镇、华村镇各 2 个，杨柳镇和高峪镇各 1 个。县内甘薯主要品种为商薯 19、烟薯 25、济薯 21、济薯 25 等，亩产约1 100千克。近年来泗水县不断调整农业产业结构，引进新特优甘薯新品种，主要有日本新紫、紫罗兰、济黑一号等。通过近几年的发展，紫薯种植面积达到 1 万多亩，主要分布在泗水县圣水峪、泗张、金庄、苗馆等乡镇，紫薯亩产高达1 500多千克，亩产值约4 000元，比一般甘薯亩产值多出2 000多元，种植效益明显高于普通甘薯。

泗水县各镇街均设有农技推广站，围绕甘薯产业为农民提供脱毒种苗推广、新品种推广和农药推广等服务。泗水县还成立了“泗水县地瓜协会”，协会成立

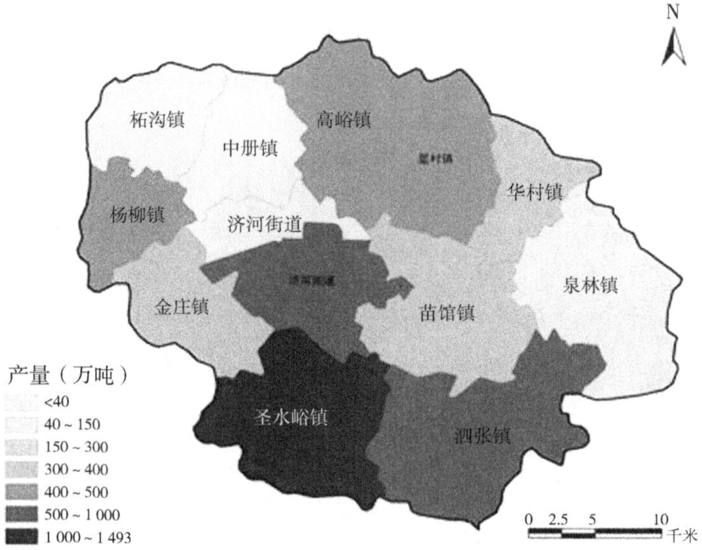

图 3-2　2016 年泗水甘薯乡镇产量分布

以来发展会员单位 60 余家，具有中级以上技术职称会员个人 142 人，生产全过程实行统一供种、统一管理、统一收获、统一运输。会员单位培育新品种 8 个、推广先进生产技术 6 项、接受科技培训人员累计 2 万余人次，与中国农科院甘薯研究所、中国农业大学、山东省农科院等科研单位建立了友好的合作关系。

泗水县甘薯产品品质优良，2004 年泗水县被授予“中国优质地瓜原产地”，2009 年泗水地瓜顺利通过了国家地理标志产品认证，2010 年又被国家工商总局批准为地理标志认证商标，是全省第一个获得此类认证的农产品。在 2010 中国农产品区域公用品牌价值评估中，泗水地瓜品牌价值评估高达 18.74 亿元。

二、泗水甘薯精深加工现状

泗水县有甘薯类加工企业 30 余家，拥有自营进出口权的地瓜加工企业有 6 家，市级以上农业产业化龙头企业 6 家。省级龙头企业 1 家。泗水县内设有国家甘薯产业技术体系柳絮高科技产业园，由国家甘薯产业技术体系和省级龙头企业利丰食品有限公司合作成立，由甘薯食品研发与检测中心、甘薯新型健康食品加工、高科技产品加工、仓储物流和国家甘薯工程中心五个区域组成。泗水县形成了甘薯淀粉制品产业集群，是泗水县四大农产品加工产业之一，是全国最大的薯类淀粉加工基地。

近几年泗水县进行甘薯全利用技术研究与实践，开发了多项具有自主知识产权的先进技术。包括：甘薯杂质分离技术，淀粉高效分离技术，粉条、粉皮配方成型技术，粉条、粉皮冷冻、烘干技术，甘薯蛋白、膳食纤维提取技术，薯泥、全粉加工技术，甘薯糕点配方、制作技术等。目前已经建成了2万吨甘薯数字保鲜仓库，年产1万吨甘薯泥生产线，年产8 000吨薯类全粉生产线，日产12万件高档甘薯糕点生产线，年培育1亿株优质甘薯种苗的培育推广中心以及甘薯产品检验检测中心并已投入运营。县内有全国最先进的甘薯全利用实验室、中试基地和教学实践基地，是集甘薯全利用技术研发、高科技产品加工、新品种培育推广及仓储物流于一体的甘薯高科技产业发展平台。泗水县形成了从良种培育、产品加工到副产物回收利用的360度全产业链条。

三、泗水甘薯市场发展现状

近年来，泗水县通过“政府引导、企业带动、市场驱动”，按照“龙头企业+基地+农户”“农民专业合作社+基地+农户”的发展模式，做大做强甘薯产业。

目前泗水甘薯鲜薯多数在县内进行销售，平均收购价为1.0元/千克，紫薯收购价格相对较高，为2.4元/千克。泗水甘薯精深加工产品畅销日、韩、新、美、加、中东等国家和欧盟及中国的港澳台地区，主导产品淀粉、粉条占韩国市场的50%左右，为韩国市场第一品牌。在国内市场上，尽管市场开发较晚，但已呈后来居上之势，通过努力，已经开发了珠三角、长三角、京津冀、济南、青岛、中南等六大区域市场，国内外销售比例已经提高到各占50%。

近几年，泗水县已建成甘薯生产、服务、流通专业合作社20家，共带动农户2万余户，带动周边县市甘薯种植70多万亩。电子商务发展较迅速，农村淘宝泗水服务中心1处、物流分拨仓库1处，建设运营农村淘宝村级服务站91个，招募淘帮手100余名。发展买卖惠零售商超780个、邮政便民服务站540个，73家县级代理供应商入驻买卖惠。建设京东帮服务店、京东为农服务中心各1处，京东服务站2处，京东家电专卖店1处，发展推广员260人。三大农村电商项目已覆盖全县95%以上的村（居），服务范围超过60万人。圣水峪镇八士庄村、泉林镇泉林村等7个村淘服务站大力开展产品网上销售，销售紫薯苗、紫薯、直柄钻套、夹头等产品700余万元。

第三节　山东泗水甘薯产业“SWOT”分析

SWOT分析法，是将与研究对象密切相关的各种主要内部优势、劣势和外部的机会和威胁。其中，S代表strength（优势），W代表weakness（劣势），O代表opportunity（机遇），T代表threat（威胁），S、W是内部因素，O、T是外部因素。此分析法可以作为一种战略分析法应用到园区规划当中，即根据园区自身的内在条件进行分析，找出园区的优势、劣势及核心竞争力。按照园区发展战略的完整概念，战略应是一个园区“能够做的”（即组织的强项和弱项）和“可能做的”（即环境的机会和威胁）之间的有机组合。

一、优势

1. 区位优势明显

园区位于泗水县杨柳镇和金庄镇，数条乡道和059县道纵贯南北，紧邻327国道、京台高速、日兰高速以及日菏铁路。园区距济南148千米，距郑州360千米，距北京500千米，距上海710千米，构成了“东出西联、南承北接”的交通枢纽，交通十分便利。

2. 种植条件优良

园区地处暖温带季风气候区，四季分明，光照充足，年平均气温13.4℃，年平均相对湿度65%，全年平均降水量为755.2毫米，土壤类型为棕壤、褐土、潮土，土层深厚，结构良好，土壤适宜种植甘薯。同时农民具有丰富的生产实践经验以及优良品种的引进培育推广，为园区甘薯种植提供了优良的基础条件。

3. 建园基础良好

国家甘薯产业技术体系柳絮高科技产业园位于金庄镇327国道北侧，园区是2011年5月泗水利丰食品有限公司和国家甘薯产业技术体系合作成立的，该园区是集甘薯全利用技术研发、高科技产品加工、新品种培育推广及仓储物流于一体的甘薯高科技产业发展平台。园区基础建设基本完善，农业科技服务体系和支撑体系的日益完善都为园区的建设和发展打下了坚实的基础。

二、劣势

1. 产业带动作用不强

园区种养殖业发展基础良好，但是农产品加工落后，产业关联度不高，优势产业带动作用不强，农业规模经营比重低、农民组织化程度低等方面。需要延长产业链条，打造全产业链，强化品牌价值，最终形成多产品、多链条的高效高附加值的现代农业，保障园区内各产业相互促进，协同发展。

2. 企业科技自主创新能力较弱

目前园区加强了农业企业、农业高等院校和农业科研机构之间的协作，但是农业企业自主创新能力仍然比较薄弱，自主创新资金得不到保证，农业科技创新人才流失严重，农业科技自主创新体系运行机制还不完善，科技创新与当地发展有些脱节，农业科技要素在农业发展中的支撑作用体现不足。

3. 甘薯产品缺乏统一的质量标准

随着生活水平的提高，人们对食品的质量的要求越来越高，尤其是食品中的农药残留、添加剂等不安全因素。甘薯产业的发展，必须要靠产品标准来规范。目前园区甘薯原料与加工品质量检测与监督体系建设尚未完善，质量指标的不确定性也制约着甘薯食品的发展。

4. 甘薯良种繁育体系不健全

甘薯种植以农户小规模为主，种苗的来源有农户自留、市场购买或由育种单位、合作社提供。但在实际中，参与甘薯种苗经营的育种单位或其他经营者的实力都有限，而有关甘薯种苗良种良法推广的科技立项相对其他作物来说极少，因此良种推广效果不理想。

三、机会

1. 良好的发展环境

“生态立县，绿色发展”为泗水县经济、社会发展的立足点，倾力打造现代农业集聚地、绿色有机农业示范地，为园区发展创造了良好的资源和生产环境。泗水县以其独特的地理气候条件被评为全国生态文明建设示范县和全国绿化模范县，这里的优质农产品是不可多得的健康食品生产原料，良好的生态环境和优质的食品原料吸引了一大批全国知名企业到泗水投资建设食品加工企业，泗水县也因此被授予全国食品工业强县。

2. 甘薯食品快速向健康食品方向发展

近年来甘薯食品市场发展正在向高端挺近，高新技术产品、新型健康食品迅速占领着甘薯产品的市场空间，逐步进入消费者的常规饮食之中。利用甘薯膳食纤维、甘薯蛋白、甘薯花青素等新型、高科技产品为原料，为消费者提供了大量具有保健作用的食品，极大改善了人们的膳食结构。甘薯发酵类产品如各种酒、酱油、食醋及酒精等传统食品正在向新型健康饮料发展如甘薯啤酒、甘薯保健酒、甘薯乳酸发酵饮料等，这些都为甘薯产业提供了巨大的发展空间。

3. 地方政府对食品产业的重视

在科学发展观的引领下，县委、县政府提出了“生态优先、绿色发展”的理念，着力培植食品产业，制定了食品加工行业振兴规划，把食品工业纳入全县重点发展战略中，以完善地方特色产业链为主线，充分发挥地方优势，紧扣优质安全、精深加工、市场营销、集约发展等关键环节，促进了全县食品产业结构的转型升级。同时坚持把园区建设作为食品产业发展的基础，着力建设优势特色的产业园，推进食品加工原料的专业化、规模化和标准化。

四、威胁

1. 农村劳动力流失严重

近年来，随着城市化进程的加快，农村青壮年劳动力大量外流，由此导致的“空心村”问题逐渐成为园区发展的障碍。因此在园区建设过程中，以农村劳动力流失为切入点，重新审视由此导致的种种问题，并据此提出相应的解决措施，以发挥乡村劳动力在园区建设中的主力军作用，推动园区和城乡一体化发展。

2. 农产品市场竞争压力加剧

在全球经济结构变化和供给侧结构性改革的背景下，整个市场环境在不断改变，农产品市场竞争压力不断加大。泗水在甘薯加工方面与发达国家差距较大，高附加值的甘薯产品较少，所以在对外出口中，只能采取出售原始的“质优价廉”的初级农产品或者简单加工的农产品，利润非常低。

3. 外来种子资源威胁

近年来，由于农业机械化水平的逐步提高，使地方性农作物的开发方式发生变化，直接导致大量的地方性种子资源丧失。目前我国存在地方种子分布不平衡，有些地区资源极度缺乏等问题，造成外来种子资源的排斥性问题以及某些种子资源的濒临绝迹的局面。因此在园区建设过程中，倡导为了进一步提高种子的开发效益，应合理将互联网络平台引入，并建立合理的地方性种子资源基因库，以合理收集与保存种子 DNA，保证地方性种子的延续与发展，进一步促进作物的高效有序生产。

第四章　山东泗水甘薯产业技术路线图

第一节　山东泗水甘薯产业技术路线图制定准备工作

一、任务与愿景

山东泗水县甘薯产业技术路线图制定的重要任务是分析泗水县甘薯产业现状、市场需求、产业目标及技术壁垒，提出泗水县甘薯产业发展可供选择的方向，凝练出泗水县甘薯产业所涉及的主要技术领域的重大研发需求与技术项目，确定其优先排序并指出项目的技术难点及风险等，制定相应的实施计划，实现甘薯产业的良性发展，全面促进乡村振兴战略的实施，推进泗水县农业“新六产”发展，实现泗水县农业的高质量发展。

二、产业范围和边界

通过专家研讨和调查问卷分析，以及收集国内外甘薯产业相关资料，按照技术路线图制定的原理和方法，结合泗水县甘薯产业的产业特色，确定泗水县甘薯产业的产业链分为 4 个领域：①产业资源；②种植生产；③产品加工；④市场销售。

三、工作方案

为确保泗水县甘薯产业技术路线图制定工作的顺利进行，以中国农业科学院为主组建了技术路线图实施团队，建立了团队机制，确认了工作职责，设定了工作方案和工作流程。

1. 组建工作团队

由中国农业科学院农业经济与发展研究所的专家和泗水农业局的相关技术人员构成。

2. 确定工作流程

在专家的指引下，工作团队制订详细的工作方案，确定具体的工作进程和工作计划安排。路线图的制定依“问卷调查—召开系列研讨会—反馈与更新—绘制技术路线图—撰写报告—修订”流程进行。

（1）资料收集　通过各种形式的信息渠道（文献、著作、评论、调查和其他相关分析），对山东省泗水县甘薯产业的种质资源、种植业、加工业、市场、技术状况以及国家产业政策等方面进行调研和分析。

（2）问卷调查　依据“技术路线图”制定的相关方法和甘薯产业技术路线图的目的和需要，咨询专家组的意见，设计、发放和统计德尔菲法调研问卷。通过对这些问卷的分析获取指定甘薯产业技术路线图所需要的数据和信息。

（3）召开研讨会　在收集和整理专家调研问卷的基础上，召集来自政府、加工企业、研究院所的甘薯行业专家和企业家，根据《产业技术路线图原理与制定》中标准程序的要求，召集有关专家、企业家分别对甘薯产业市场需求、甘薯产业目标、甘薯产业技术壁垒的研发需求、技术路线图的绘制等问题进行了研讨。研讨会上针对上述会议主题，采用头脑风暴法对收集、整理的相关议题进行排序，对山东省泗水县甘薯产业发展的相关重点议题进行了仔细的研讨和评估。

（4）绘制技术路线图　基于山东省泗水县甘薯产业技术研讨会上的“SWOT”分析，结合相关资料与文献信息的总结，绘制出相关技术路线图（包括甘薯产业价值链技术路线图、甘薯产业技术路线图、甘薯产业利益链技术路线图），甘薯产业技术路线图初步方案制订后，提交给更多的专家进行修改和评议，对技术路线图进行后续的修订更新工作。

第二节　山东泗水甘薯产业价值链

一、产业价值链的形成

农产品产业价值链是产业从育种农资农技到原材料生产再到向最终消费者提供产品或服务过程中创造价值的所有重要活动构成的有逻辑次序的活动链。整个甘薯全产业链，从纵向看，从育种农资农技、甘薯规模化标准化种植、甘薯精深加工储藏、品牌营销文化休闲，这一过程是一个完整的产业链，是由传统产业链上游正向规模化、专业化、科技化发展，下游正向标准化、产业化、品牌化发展。产业链上每一个经济单元都有其不同的价值，产业链中部的传统种植价值最低，上游的科技化和品牌化价值最高，形成“微笑曲线”。

二、甘薯产业价值链的测算

1. 甘薯产业价值链图的绘制（如图4-1）

产前（育种农资农技）包括良种繁育与脱毒种薯、专用肥研发、专用除草剂与农药研发和专用机械研发与引进。

一产（规模化标准化甘薯种植）按照品种专用划分为淀粉型甘薯种植、鲜食型甘薯种植和观赏型甘薯种植。

二产（甘薯精深加工储藏）以薯块为原料加工淀粉类、能源与酿酒类、休闲食品类和保健类产品，并对废渣（液）进行综合利用，提取膳食纤维、蛋白质、果胶等高附加值产品；以甘薯茎叶为原料加工茎叶保健品（绿原酸提取）和鲜食蔬菜；以发挥甘薯的观赏性制作的紫叶、金叶和花叶甘薯盆景；通过安全储藏，延长甘薯的加工周期和销售周期，包括种苗储藏、加工用甘薯储藏和鲜食用甘薯储藏。

三产（品牌营销文化旅游）包括品牌培育、市场营销（线上线下）、甘薯文化、甘薯科普和观光休闲。

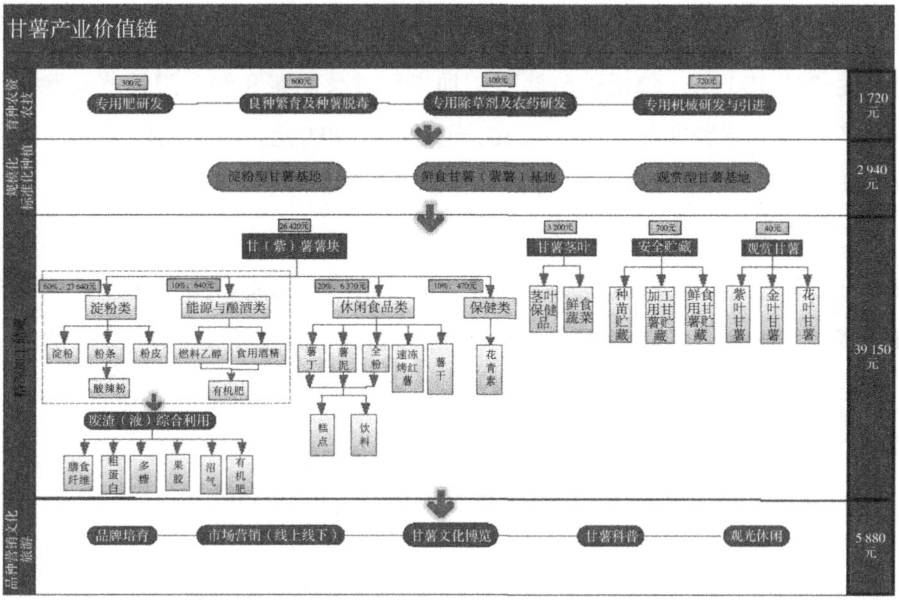

图 4-1　甘薯产业价值链

2. 甘薯产业价值链测算

按照每亩测算：

产前（育种农资农技）每亩产生价值1 720元，其中：专用肥研发 300 元、良种繁育与脱毒种薯 600 元、专用除草剂与农药研发 100 元和专用机械研发与引进 720 元。

一产（规模化标准化甘薯种植）每亩产生价值2 940元，其中：按照品种专用划分为淀粉型甘薯种植、鲜食型甘薯种植和观赏型甘薯种植。

二产（甘薯精深加工储藏）每亩产生价值39 150元，其中：以薯块为原料60%加工淀粉类产品产生价值27 640万元（包括淀粉、粉条粉皮、膳食纤维、蛋白质、果胶等高附加值产品），10%加工能源与酿酒类产品产生价值 640 元（燃料乙醇、食用酒精、有机肥等）、20%加工休闲食品类产品产生价值6 370元（包括薯丁薯泥、全粉、糕点饮料、速冻烤红薯等），10%加工保健类产品产生价值 470 元（主要为花青素产品）；以甘薯茎叶为原料加工茎叶保健品（绿原酸提取）和鲜食蔬菜，产生价值3 290元；以发挥甘薯的观赏性制作的紫叶、金叶和花叶甘薯盆景，产生价值40元；通过安全储藏，延长甘薯的加工周期和销售周期产生价值700元（包括种苗储藏、加工用甘薯储藏和鲜食用甘薯储藏）。

三产（品牌营销文化旅游）每亩产生价值5 880元，包括品牌培育、市场营销（线上线下）、甘薯文化、甘薯科普和观光休闲。

以上全产业链产生价值合计约5万元/亩。5万元每亩是基于甘薯全产业链的发展，在规模化、良种繁育水平、加工科技水平、品牌营销文化旅游都达到一个理想水平，一二三产业高度融合目标达到，是泗水甘薯新六产发展的愿景目标，要达到这个目标需要分阶段完成。

第三节　山东泗水甘薯产业技术链

立足于泗水甘薯生产优势和全产业链亟待解决的重大问题，对甘薯产业发展路线进行合理规划和顶层设计，形成甘薯产业技术发展路线图，对于提升泗水甘薯全产业链发展水平，优化产业结构具有重要意义。

一、甘薯产业技术路线图的绘制

为了绘制甘薯产业技术路线图，首先设计了《甘薯产业技术路线图编制问卷》，问卷调查对象包括种植户、合作社、加工企业、政府管理部门、科研单位等部门的相关人员，问卷共发放55份，收回有效问卷55份。问卷按照产业链的各环节，从市场需求、产业目标、技术壁垒和研发需求几个方面展开调研，根据问卷的统计汇总、结合专家判断，绘制出如下产业技术路线图（图4-2）。

二、甘薯产业技术链设计

根据甘薯综合技术路线图的绘制，甘薯产业技术链进行设计。

良种繁育。技术研发需求为：甘薯良种繁育体系标准化建设、方便简捷的病毒检测技术建立、甘薯专用型品种选育创新与推广、工厂化育苗快速繁殖技术。

生产管理。农田废弃物回收利用技术、田间耕作收获等专用机械研发引进与

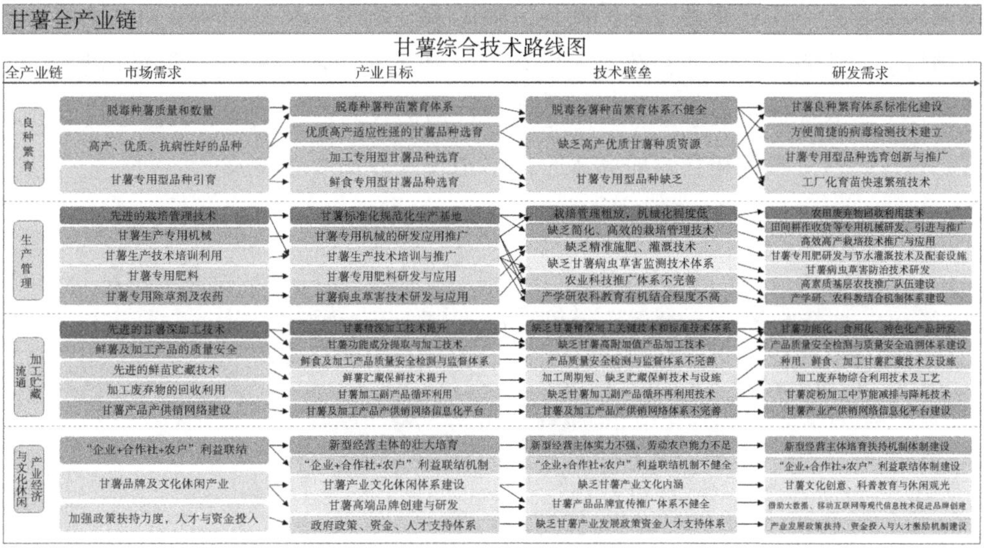

图 4-2　甘薯产业技术路线

推广、高效高产栽培技术推广与应用、甘薯专用肥研发与节水灌溉技术及配套设施、甘薯病虫草害防治技术研发、产学研、农科教结合机制体系建设。

加工储藏流通。甘薯功能化/食用化/特色化产品研发、产品质量安全检测与质量安全追溯体系建设、种用、鲜食、加工甘薯贮藏技术及设施、加工废弃物综合利用技术及工艺、甘薯淀粉加工中节能减排与降耗技术、甘薯产业产供销网络信息化平台建设。

产业经济与文化休闲。新型经营主体培育扶持机制体制建设、“企业+合作社+农户”利益联结体制建设、甘薯文化创意、科普教育与休闲观光、借助大数据、移动互联网等现代信息技术促进品牌创建、产业发展政策扶持、资金投入与人才激励机制建设。

第四节　山东泗水甘薯产业利益链

一、产业利益链的形成

通过甘薯全产业链的建设，实现甘薯产业升级，带动了农民增收致富，让农民真正分享到一二三产业带来的利益。如图 4-3 所示，在一产环节，农民通过苗木销售、职业农民、合作社分红、特色养殖和土地使用权转让等渠道增加收入；二产环节，农民通过在企业做工和企业分红增加收入；三产环节农民通过商业经营、餐厅经营、车辆租赁、农家乐、网络销售等方式增加收入。

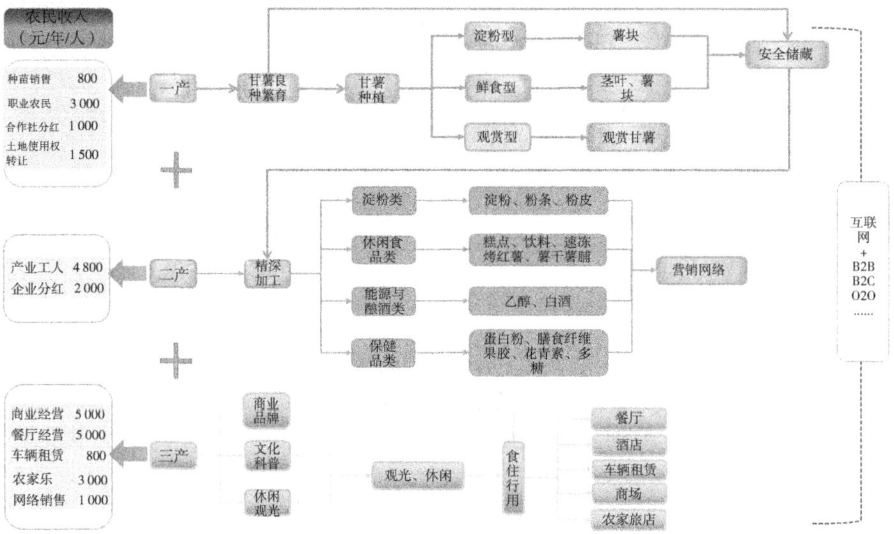

图 4-3　甘薯产业利益链

二、带动农民增收利益联结机制的建立

1. 多途径增强对农民的带动

多途径增强对农民的带动作用、多渠道增加农民收入是现代农业产业园建设的重要任务之一。泗水甘薯“新六产”产业园发展对农户的带动作用，主要体现在建立农民带动机制、构建农民持续增收机制、拓宽增收渠道等方面。根据产业园创建目标，预计从产业园创建时起到 2022 年，园区所在范围内农村居民人均可支配收入增速超过全县平均水平，年人均可支配收入达到 1.85 万元，较全县农民平均水平（1.37 万元）高 35%左右。

（1）完善“园区+企业+农户”的带动机制

主要采取企业自建基地与新型农业经营主体代建基地两种主要方式组织生

产，构建产业链条。“园区+企业+基地+农户”是指园区企业通过流转土地、自行建立原料生产基地，由企业自行按照标准和技术规程组织农户进行生产。“园区+企业+专业合作社+农户”是指园区企业与种植专业合作社签订购销合同，由合作社组织农民按照企业提供的技术方案和要求进行种植生产。发挥好良种生产方式对农户的带动作用，合理界定政府、园区、企业、合作社和农户的角色定位和责权利关系，形成“市场牵龙头、龙头带基地、基地连农户、政府搞服务”产业发展模式。

加强政府引导。明确政府在产业园建设中的职责与定位，把市场能够发挥作用的事项交给市场，政府主要在推进农业农村改革、加强公共基础设施建设、强化公共服务、营造良好市场环境等方面加大工作力度。

强化园区服务。强化泗水甘薯“新六产”产业园管委会统筹协调与运营服务职能，协调入园企业与农户建立合理长效的合作方式与利益分配机制，加强对工商企业租赁农户承包地的监管和风险防范，引导好园区在龙头企业引入以及农业企业产业链经营方式中，建立对农户的长效带动机制。提升企业的市场开拓能力，鼓励规范工商资本投资园区，鼓励推广政府和社会资本合作模式，投资适合产业化、规模化、集约化经营甘薯产业相关领域，促进甘薯产业链条延伸升级。

创新农户带动方式。按照市场化运作模式，针对园区规模化种植基地、加工物流配送中心、休闲农业与乡村旅游项目开发运营，建立“政府引导，企业开发，农户参与、市场运作”模式，积极发展订单农业和“租金+分红”园区增值收益分配模式与机制，通过创新带动农户方式实现对农民的长效化带动。

（2）构建多种形式园区农业合作模式

建立“公司+农户”模式：引进实力强、带动能力强的农业开发公司，根据园区产业规划要求，委托当地农民种植甘薯，由农业开发公司提供资金、技术等支持并且包销产品。这种模式使零星的小农生产变成有组织的企业化生产，实现农村的劳动力、土地、资金、生产资料等资源的合理配置，提高农村的生产力。公司与农户的合作中，必须坚持三个基本原则：一是精诚合作；二是风险共担；三是利益共享。

建立“公司+农户+市场”模式：大力培育园区农业产业化龙头企业，借助农村土地流转政策，租赁农民土地，再聘请农民参与农业生产，探索建立“公司+农户+市场”的利益联结机制，促进企业和农户的“双赢”。

2. 完善“两单”农业协作型利益联结机制

针对园区甘薯产业集群发展不断升级壮大，探索建立园区订单农业信用体系和保单农业体系的“两单农业”。订单生产。依托园区内甘薯企业聚集优势，大力发展“订单农业”，通过“企业+基地+农户”“企业+专合组织+农户”等模式，鼓励甘薯加工龙头企业和种植户直接对接，按企业需求订单种植生产甘薯，以订单方式明确双方责、权、利，稳定生产规模减少市场风险。同时，实行保护价与浮动价收购，通过测算种植成本、合理分配收益等方式统一确定甘薯收购保护价，企业在市场价低于保护价时按保护价收购，高于保护价时采取订单保底收购+二次分红方式，形成“市场牵龙头、龙头带基地、基地连农户”的长效利益联接机制，切实保障种植户的经济利益，实现一二产业深度融合发展。按照保单组织生产，大力发展“保单农业”。在传统政策性农业保险的基础上，在规划区内探索开展甘薯保险，增强种植户抗御自然灾害能力。

3. 带动农民多渠道增加收入

泗水“新六产”产业园，通过体制机制创新，通过利益链机制构建，从多领城、多环节、多角度增加农民收入，带动农民增收。村民自建增收。对园区建设的各类小型项目，优先安排本地农村集体经济组织、农民合作组织等作为建设管护主体，强化农民参与和全程监督，拓展村集体、合作组织的收入来源，壮大村集体、合作组织的经济实力。

经营性收入。鼓励原料生产基地农民与甘薯加工企业签订购销合同稳定经营收入。鼓励种植大户流转土地种植无花果，实现适度规模经营，提升规模效益。鼓励园区农民依托甘薯文化博览园、圣水峪的休闲农业，从事农家乐经营、民宿经营，增加经营收入。

财产性收入。大力推进园区内农村土地三权分置改革，发挥市场在资源配置中的决定性作用，通过对闲置资产、土地等进行出租、抵押、流转获得财产性收入。

工资性收入。积极为园区所在地农民提供园区就业条件，转变就业方式，鼓励农民进基地、进园区、进厂区就业，各种就业渠道相结合，增加农民的工资性收入。

分红收入。建立以资本财产合作或入园企业通过与基地农户、新型合作组织建立“保底+分红”等利益联结方式，从企业和合作社的经营利润中获得分红收入。

保险收入。建立甘薯生产保险制度，在自然灾害造成原料生产损失、市场变动导致价格低于生产成本时，获得保险赔付。

附　　录

附录 1

产业价值链测算表

产业链	产品				价值（元）	合计（元）
产前	专用肥研发			300 元/亩 * 1 亩	300	1 720
	良种繁育及种薯脱毒			0.1 元/株 * 1 亩 * 3 000 株/亩 * 2	600	
	专用除草剂及农药研发			100 元/亩 * 1 亩	100	
	专用机械研发与引进			720 元/亩 * 1 亩	720	
一产	单产（吨/亩）	总产（吨）	价格（元/吨）	—	价值（元）	
	3.5	3.5	840	—	2 940	2 940

（续表）

产业链	产品											价值（元）	合计（元）
	利用比例	总量（吨）		利用比例	类别	产品	产量（吨）	价格（元/吨）	产品	产量（吨）	价格（元/吨）	价值（元）	
二产	0.89	3.115	甘（紫）薯薯块	0.6	淀粉类	淀粉（变性淀粉）	0.234	10 000				2 336	27 640
						粉条	0.117	15 000				1 752	
						粉皮	0.117	15 000				1 752	
						粉渣、浆液	—		纤维素	0.143	50 000	7 149	
							—		有机肥	0.477	600	286	
							—		果胶	0.119	100 000	7 745	
							—		蛋白质	0.069	60 000	4 163	
							—		多糖	0.042	50 000	2 103	
							—		沼气	700 立方米	50 元/100 立方米	350	
				0.1	能源与酿酒	燃料乙醇	0.009	5 500				51	640
						食用酒精	0.084	7 000				589	
						有机肥	0.093	600				56	
				0.2	休闲食品	薯丁	0.002	18 000				39	6 370
						薯泥	0.022	16 000				352	
						全粉	0.101		全粉	0.071	10 000	794	
									糕点饮料	0.030	70 000	2 119	
						速冻烤红薯	0.037	12 000				449	
						薯干	0.075	35 000				2 617	
				0.1	保健类（紫薯）	花青素	0.001	500 000				470	470
		2.8	甘薯茎叶	0.2	鲜食		0.336	2 000				672	3 290
				0.8	保健品（绿原酸）		0.040	100 000				2 621	
	0.1	0.35	安全贮藏	0.5	加工用贮藏		0.140	2 500				350	700
				0.5	鲜食用贮藏		0.140	2 500				350	
					种苗贮藏								
	0.01	20（株）	观赏甘薯		观赏			2（元/株）				40	40
三产	品牌培育、市场营销（线上线下）、甘薯文化、甘薯科普和观光休闲											5 880	5 880
合计	49 690												

注：测算依据来自调研数据、文献资料。

附录 2

泗水甘薯产业技术路线图编制问卷

您好！

这份问卷是编写《泗水甘薯产业技术路线图》的组成部分。调查的目的是了解泗水甘薯全产业链发展所面临的主要问题，并为本县实施乡村振兴战略、农业供给则结构改革的决策提供科学依据。请如实填写，您所反映的信息关系到泗水甘薯产业未来的发展，希望给予大力支持。

一、基本情况

1. 您所在的单位属性________

（1）种植户　　（2）合作社　　（3）企业　　（4）管理部门

（5）科研单位　　（6）其他（请说明）________

2. 您所在的单位名称（个人、企业或单位）________，联系电话________

3. 所在单位（个人、企业或单位）甘薯产业情况

（1）甘薯种植面积________（亩），单产________（千克/亩），主要推广的甘薯品种________

（2）所在地区种植户平均种植面积________（亩）

（3）近三年希望进一步扩大甘薯种植面积或收购量吗？

1）是　　2）否

（4）本地区甘薯年收购量________，主要销售地区________，平均收购价格________

甘薯生产成本：总成本________（元/亩）										
种薯种苗	肥料	农药	除草剂	调节剂	薄膜	水电费	机械	人工	租地费	其他

（续表）

成本收益：				
平均亩产（千克）	平均销售价格（元/千克）	收益（元/亩）	成本（元/亩）	利润（元/亩）

4. 近年气候状况

年平均气温________℃，最冷月平均温度________℃，最热月平均温度________℃，年降水量________毫米。

5. 相对于其他甘薯种植地区而言，本地最大的优势在于（可以多选）________

（1）品种　（2）产量　（3）质量　（4）品牌

（5）其他（请说明）________

6. 本地目前特别需要解决的关键问题（技术）（可多选，按重要程度排序）________

（1）甘薯新品种　（2）生产管理技术

（3）储藏技术　（4）深加工技术

（5）营销网络　（6）其他（请说明）________

7. 资金需求状况________

（1）有很大资金缺口，急需融资

（2）略有资金缺口，需要融资

（3）没有资金缺口，无须融资

8. 若需融资，主要需要哪一类型资金________

（1）长期投资资金（一年以上）

（2）短期流动资金（一年以内）

（3）追加资本金（用于降低资本负债率等）

（4）其他（请说明）________

9. 本地甘薯倒茬的主要作物________

（1）玉米　（2）小麦　（3）连作 2 年以上

（4）其他（请说明）________

二、甘薯全产业链发展：良种繁育环节

1. 您种植甘薯的种苗来源主要是

（1）自留种薯育苗　　（2）市场购买种苗

（3）合作社或企业提供种苗　　（4）其他（请说明）________

2. 您一般多久更换甘薯品种________

（1）每年更换　　（2）2~3 年　　（3）3 年以上

3. 您最需要的甘薯新品种（可多选，请按重要程度排序）________

（1）产量高　　（2）抗病性好　　（3）抗虫性好

（4）加工专用型　　（5）鲜食专用型

4. 以下哪些因素是您在选择甘薯品种时主要考虑的因素________

（1）种植能手或示范户的购种行为

（2）亲戚朋友的购种行为

（3）科研单位推荐

（4）媒体宣传

（5）种子公司

（6）自己凭经验

（7）政府良种补贴和优惠政策

5. 您认为目前甘薯良种繁育过程存在哪些问题（可多选，按重要程度排序）________

（1）脱毒种薯种苗繁育体系不健全

（2）缺乏高产优质甘薯种质资源

（3）甘薯专用型品种缺乏

（4）其他（请说明）________

6. 您认为目前甘薯良种繁育中需要哪些技术（可多选，按重要程度排序）________

（1）甘薯良种繁育体系标准化建设

（2）方便简捷的病毒检测技术

（3）甘薯专用型品种选育创新与推广

（4）工厂化育苗快速繁殖技术

（5）其他（请说明）________

三、甘薯全产业链：生产管理环节

1. 您种植甘薯最担心的因素（可多选，按重要程度排序）________

（1）没有好品种　　（2）缺乏技术

（3）病虫害　　（4）销售渠道少

（5）生产成本高　　（6）劳动力不足

（7）价格下降　　（8）自然灾害

2. 您在种植甘薯过程中是否得到过技术帮助________

（1）是　　（2）否

3. 您在种植甘薯过程中最需要得到什么技术支持？________

（1）新品种　　（2）种植技术

（3）病虫害防治技术　　（4）机械化作业

（5）其他（请说明）________

4. 甘薯种植过程中，主要受到什么病害影响（可多选）________

（1）病毒病　　（2）线虫病　　（3）黑斑病　　（4）根腐病

（5）蔓割病　　（6）薯瘟病　　（7）黑痣病

（8）其他（请说明）________

5. 甘薯种植过程中，主要受到什么虫害影响（可多选）________

（1）蛴螬　　（2）蚁蟓　　（3）叶蛾　　（4）蚜虫

（5）红蜘蛛　　（6）粉虱　　（7）其他（请说明）________

6. 本地甘薯产业的机械化程度________

（1）耕种机械化（低、中等、高）

（2）施肥喷药机械化（低、中等、高）

（3）收获机械化（低、中等、高）

（4）储藏机械化（低、中等、高）

7. 本地甘薯种植最急需的机械设备________

（1）耕种机械　　　　　　　　（2）施肥喷药机械

（3）收获机械　　　　　　　　（4）储藏机械

（5）其他（请说明）________

8. 您认为甘薯生产过程中存在的问题（可多选，按重要程度排序）________

（1）缺乏简化、高效的栽培管理技术

（2）机械化程度低

（3）缺乏精准施肥、灌溉技术

（4）缺乏甘薯病虫草害监测技术体系

（5）农业科技推广体系不完善

（6）产学研农科教育有机结合程度不高

（7）其他（请说明）________

9. 您认为目前甘薯种植最需要解决的问题（可多选，按重要程度排序）________

（1）先进的栽培管理技术　　　　（2）生产专用机械

（3）专用肥料　　　　　　　　　（4）专用除草剂及农药

（5）甘薯生产技术培训　　　　　（6）其他（请说明）________

四、甘薯全产业链：加工、贮藏和流通

1. 您认为在甘薯加工贮藏流通中需要解决的问题（可多选，按重要程度排序）________

（1）先进的甘薯深加工技术

（2）鲜薯及加工产品的质量安全

（3）先进的鲜薯贮藏技术

（4）加工废弃物的回收利用

（5）甘薯产品产供销网络建设

（6）其他（请说明）________

2. 您认为甘薯在加工贮藏中面临哪些问题？（可多选，按重要程度排序）________

（1）缺乏甘薯精深加工关键技术和标准技术体系

（2）缺乏甘薯高附加值产品加工技术

（3）产品质量安全检测与监督体系不完善

（4）加工周期短、缺乏贮藏保鲜技术与设施

（5）缺乏甘薯加工副产品循环再利用技术

（6）其他（请注明）________

3. 您认为甘薯加工储藏流通中有哪些研发需求？（可多选，按重要程度排序）________

（1）甘薯功能化、食用化、特色化产品的研发

（2）鲜食及加工产品质量安全检测、监督与可追溯体系的建设

（3）种用、鲜食、加工甘薯贮藏技术和设施研发

（4）加工废弃物综合利用技术及工艺研发

（5）甘薯淀粉加工中节能减排与降耗技术研发应用

（6）其他（请注明）________

五、甘薯产业经济

1. 您认为甘薯产业发展过程中存在哪些问题？（可多选，按重要程度排序）________

（1）新型经营主体实力不强，劳动农户能力不足

（2）“企业+合作社+农户”的利益联结机制不健全

（3）缺乏甘薯产业文化内涵

（4）甘薯产品品牌宣传推广体系不健全

（5）缺乏甘薯产业发展在政策资金人才方面的支持体系

（6）其他（请说明）________

2. 您认为促进甘薯品牌建设的渠道有（可多选，按重要程度排

序）________

（1）加快构建农产品质量安全追溯体系

（2）建立区域公共品牌

（3）开展品牌宣传推介活动

（4）挖掘品牌文化内涵

（5）充分利用农业展会、产销对接会、产品发布会等营销促销平台

（6）借助大数据、云计算、移动互联等现代信息技术，拓宽品牌流通渠道

（7）其他（请说明）________

3. 您认为甘薯目前最缺乏的要素依次是（可多选，请按缺乏程度排序）________

（1）资金　（2）技术　（3）人才　（4）法律保障

（5）专业技术培训　（6）政策扶持

（7）其他（请说明）________

六、自由选答的问题

1. 您认为目前本地区甘薯产业面临的最大问题是什么？

2. 您对甘薯产业发展前景怎么看待？

3. 请您为本县甘薯产业的发展提几条建议？

衷心感谢您的合作！

泗水甘薯产业规划编制组

2018 年 7 月 16 日

附录 3

山东泗水甘薯“新六产”产业园建设规划（2018—2022 年）编制依据

1. 中共中央　国务院发布《决胜全面建成小康社会 夺取新时代中国特色社会主义伟大胜利——在中国共产党第十九次全国代表大会上的报告》，2017 年 10 月。

2. 中共中央　国务院发布《中共中央国务院关于实施乡村振兴战略的意见》，2018 年 1 月 2 日。

3. 中共中央　国务院《关于深入推进农业供给侧结构性改革 加快培育农业农村发展新动能的若干意见》，2017 年 2 月 5 日。

4.《国务院关于印发全国农业现代化规划（2016—2020 年）的通知》，2016 年 10 月 17 日。

5. 国务院办公厅《关于推进农村一二三产业融合发展的指导意见》，2015 年 12 月 30 日。

6.《关于进一步促进农产品加工业发展的意见》，2016 年 12 月 17 日。

7. 农业部关于印发《全国农产品加工业与农村一二三产业融合发展规划（2016—2020 年）》。

8. 山东省委、省政府《山东省乡村振新战略规划（2018—2022 年）》，2018 年 5 月。

9. 山东省《关于贯彻落实国办发〔2015〕93 号文件推进农村一二三产业融合发展的实施意见》。

10. 山东省人民政府办公厅《关于加快发展农业“新六产”的意见》，2017 年 12 月。

11.《山东省农业和农村经济发展“十三五”规划》，2015 年 12 月。

12.《山东省“十三五”农业现代化规划》，2016 年 11 月。

13.《山东省农村一二三产业融合发展规划（2016—2020年）》，2017年10月。

14.《山东省乡村振兴战略规划（2018—2022年）》，2018年5月。

15.《济宁市国民经济和社会发展第十三个五年规划纲要》，2015年12月。

16.《济宁市农业和农村经济发展第十三个五年计划》，2016年12月。

17. 济宁市委、市政府《关于推进新旧动能转换、加快农业“新六产”发展的实施方案》，2017年11月。

18.《泗水县国民经济和社会发展第十三个五年规划纲要》，2016年。

19.《泗水县农业和农村经济发展第十三个五年计划》，2015年12月。

20.《泗水县食品工业“十三五”发展规划》，2016年6月。

21. 泗水县统计年鉴（2016年和2017年度），泗水县统计局。

附录 4

山东省人民政府办公厅关于加快发展农业“新六产”的意见

各市人民政府，各县（市、区）人民政府，省政府各部门、各直属机构，各大企业，各高等院校：

推进农业“新六产”发展，是新形势下构建现代农业产业体系、实现小农户与现代农业发展有机衔接的重要途径，是加快农业转型升级、推动新旧动能转换的重大举措，是激发农村活力、促进农民增收的重要手段。为积极培育和发展农业“新六产”、推进全省农村一二三产业深度融合，经省政府同意，现提出以下意见。

一、总体要求

（一）指导思想。全面贯彻落实党的十九大精神，坚持以习近平新时代中国特色社会主义思想为指导，牢固树立创新、协调、绿色、开放、共享发展理念，准确把握实施乡村振兴战略的重大部署，以市场需求为导向，以完善利益联结机制为核心，以推进农业供给侧结构性改革为主线，在“种养加”“贸工农”“产加销”一体化的基础上，开发农业多种功能，促进农林牧渔业与加工、流通、旅游、文化、康养等产业深度融合，推动产业链相加、价值链相乘、供应链相通“三链重构”，塑造终端型、体验型、循环型、智慧型新产业新业态，打造农业产业化升级版，全面提升农业发展质量和效益，推动我省农业在更多领域走在全国前列。

（二）基本原则。

——坚持改革创新，融合发展。深化农业供给侧结构性改革，构建现代农业产业体系、生产体系、经营体系，推进新旧动能转换，培植新产业、新业态、新模式，激发农业“新六产”发展内生动力。

——坚持市场导向，政府服务。充分发挥市场配置资源的决定性作用和更好发挥政府作用，营造良好市场环境，加快培育新型农业经营主体，发展多元化农业“新六产”。

——坚持因地制宜，示范带动。鼓励各地依托资源禀赋、产业基础、市场条件，探索发展具有地方特色的农业“新六产”，通过试点示范，形成发展农业“新六产”良好态势。

——坚持农民主体，共建共享。发挥农民主体作用，尊重农民意愿，强化利益联结，拓宽农民增收渠道，保障农民获得更多全产业链增值收益。

（三）主要目标。到2020年，终端型、体验型、循环型、智慧型等新产业新业态加速发展，农业“新六产”对农民增收贡献率显著提高，全省建设农业“新六产”示范县50个，培育产业链条完整、运行机制健全、带动作用明显、利益联结紧密的农业“新六产”示范主体600家，形成全环节提升、全链条增值、全产业融合的农业“新六产”发展格局，为我省农业由大到强转变、基本实现农业现代化奠定坚实基础。

二、塑造农业“新六产”新型业态

（一）打造终端型业态。立足农产品的开发生产与加工增值，在农产品产加销一体化的基础上，构建农产品从田头到餐桌、从初级产品到终端消费无缝对接的产业体系。以优势特色产业为基础，发展农产品初加工、精深加工、商贸物流等后续产业。以农产品加工业为骨干，向前延伸发展规模化、标准化原料基地，向后延伸发展流通业和餐饮业。以商贸物流业为引领，发展农产品订单式种养殖基地及配套的产后加工、生产服务。（省农业厅、省经济和信息化委、省海洋与渔业厅、省林业厅、省商务厅、省畜牧兽医局、省供销社等负责）

（二）打造体验型业态。立足农业多种功能的挖掘与拓展，促进农业生产、农产品加工与休闲观光（垂钓）、农耕体验、文化传承、健康养老、节庆采摘、科普教育深度融合，构建集生产、生活、生态功能于一体的农业产业体系。挖掘地方特色农产品加工、传统农耕文化，引入创意元素，发展参与式、体验式、娱乐式创意农业。依托优势景观资源和乡村文化底蕴，发展吃住游购一体化的乡村旅游。（省旅游发展委、省水利厅、省农业厅、省海洋与渔业厅、省林业厅、省文化厅、省畜牧兽医局、省农机局等负责）

（三）打造循环型业态。立足农业废弃物和加工副产物的资源化利用，发展生态农业、绿色农业、循环农业，构建生态保护与效益并举、可持续发展的产业新体系。在农业各产业间，打造产业上下游有机关联、“资源—产品—农业废弃物—再生资源”完整的农业生物产业链，提高资源综合利用率。推广先进农产品加工技术，对加工副产物进行梯次利用，“吃干榨净”，生产各类精深加工产品，提高农产品加工增值效益。推广应用环保技术，加大废弃物处理力度，实现加工企业的清洁化生产，发展绿色循环经济。（省农业厅、省发展改革委、省经济和信息化委、省科技厅、省海洋与渔业厅、省林业厅、省环保厅、省畜牧兽医局、省农机局、省供销社等负责）

（四）打造智慧型业态。立足科技进步和模式创新，发展智慧农业、农村电商等新产业新业态。利用互联网、物联网、云计算等现代信息技术，对农业生产、加工、营销全过程进行智能化控制，发展精准农业、智慧农业。利用“大数据”和“互联网+”等信息技术，发展农产品电商平台。借助创意产业的发展理念，将现代科技和人文要素融入农业生产、加工及流通领域，发展定制式创意农业。（省商务厅、省经济和信息化委、省科技厅、省农业厅、省海洋与渔业厅、省林业厅、省畜牧兽医局、省供销社等负责）

三、培育农业“新六产”带动主体

（一）大力培育家庭农场。完善我省家庭农场备案登记办法，引导和鼓励粮食、蔬菜、畜禽等领域的专业大户向家庭农场转型，实现标准化生产、规范化管理、品牌化营销。鼓励家庭农场完善资源、资产管理，发展新型业态，不断提高经营规模和效益。开展家庭农场示范场省、市、县三级联创活动。（省农业厅、省海洋与渔业厅、省林业厅、省旅游发展委、省工商局等负责）

（二）规范发展农民合作社。指导农民合作社制定规范章程，完善内部运行机制。加强对农民合作社的监督管理，探索建立合作社退出机制，提升合作社规范发展水平。引导农民合作社按产业链、产品、品牌等组建联合社，开展“三品一标”认证，发展农产品储藏、运销及产地初加工。落实财政项目资金直接投向农民合作社、形成资产转交合作社成员持有和管护政策。支持有能力的农民合作

社创办龙头企业。（省农业厅、省财政厅、省海洋与渔业厅、省林业厅、省供销社等负责）

（三）壮大提升龙头企业。完善龙头企业评选认定和运行监测管理，实行有进有出、动态管理。培育和发展农业产业化联合体，鼓励龙头企业通过订单、合同、贷款担保等方式，带动小农户及其他经营主体建设标准化原料生产基地，协同开展农业生产经营，拓展农产品加工、流通、电子商务、乡村旅游和农业社会化服务等经营渠道。推进龙头企业转型升级，鼓励企业完善法人治理结构，建立现代企业制度。支持龙头企业兼并重组、强强联合，组建大型企业集团，推进集群集聚发展。（省农业厅牵头负责）

（四）完善农业社会化服务体系。依托基层农技推广等公益性服务机构，在病虫害防控、农业技术指导与培训等方面搞好服务；鼓励有经济管理服务职能的粮食、供销、邮政、农机、烟草等部门，向农村延伸农资供销、农机作业、土地托管、统防统治、烘干储藏等服务职能，打造为民服务综合平台。支持经营性服务组织为农民提供生产、加工、贮藏、销售、科技、信息、融资、保险等农业生产全程服务，实现规模化经营与农民共享收益的有机统一。开展农业社会化服务示范县创建活动，制定完善农业社会化服务标准，规范服务行为。（省农业厅、省水利厅、省林业厅、省畜牧兽医局、省农机局、省供销社、省邮政管理局、省烟草专卖局等负责）

四、做优农业“新六产”发展载体

（一）加快推进农业产业特色小镇建设。立足当地经济社会发展实际，积极培育特色鲜明、产业发展、绿色生态、美丽宜居、休闲宜游的农业产业特色小镇。按照一乡一业、一村一品的要求，推动现代农业向特、精、强方向发展。坚持空间布局与周边自然环境相协调，彰显传统文化和地域特色，高标准配套基础设施和教育、医疗卫生等公共服务设施，建设具有创业创新、公共服务、商贸信息、文化展示、旅游信息咨询、产品交易和信息管理等功能的综合服务平台。（省发展改革委、省教育厅、省住房城乡建设厅、省交通运输厅、省农业厅、省海洋与渔业厅、省林业厅、省商务厅、省卫生计生委、省旅游发展委等负责）

（二）加快推进美丽乡村建设。坚持用标准化的理念推进美丽乡村建设，全面提高美丽乡村建设的科学化水平。鼓励引导工商资本、金融机构、企事业单位、社会团体、大专院校，通过多种方式参与美丽乡村标准化建设。开展美丽乡村示范创建活动，鼓励自然资源丰富、生态环境优美的古村落和新农村发展休闲旅游。大力推进县域乡村建设规划编制工作，推动建筑设计下乡、技能培训下乡，开展田园建筑示范。（省委农工办、省住房城乡建设厅、省农业厅、省海洋与渔业厅、省林业厅、省旅游发展委等负责）

（三）加快推进现代农业园区建设。推动产业园区、科技园区、创业园区“三园同建”，以园区化引领发展现代农业，融合发展关联产业，着力打造生产技术先进、产业形态多元、功能丰富多样、旅游要素完备、综合效益突出的现代农业综合发展平台。发挥园区载体优势，吸引龙头企业和科研机构建设运营产业园，鼓励农户和返乡下乡人员通过订单农业、股份合作、入园创业就业等多种方式，参与建设、分享收益。（省农业厅、省发展改革委、省科技厅、省海洋与渔业厅、省林业厅、省旅游发展委等负责）

五、完善农业“新六产”发展利益联结机制

（一）推进多方式合作。引导新型农业经营主体之间、新型农业经营主体与农户之间联合与协作。大力发展订单农业，支持龙头企业与农户、家庭农场、农民合作社签订产前订单合同，合理确定收购价格、提供资金扶持，形成稳定购销关系。鼓励新型农业经营主体优先聘用已流转土地或以土地经营权入股的农民，并为其提供技能培训、工作岗位和社会保障，拓宽农村富余劳动力稳定就业渠道。（省农业厅、省国土资源厅、省海洋与渔业厅、省林业厅、省供销社等负责）

（二）完善利益分配机制。支持新型农业经营主体通过“保护价收购+利润返还或二次结算”等方式，与农户建立稳定的合作发展关系，促进农户直接受益、均衡收益。支持农户将承包土地经营权、集体林权、水域滩涂养殖权等产权入股参与农业产业化经营，实行“租金保底+股份分红”等方式的收益分配机制，让农户更多分享产业增值收益。鼓励村集体牵头组建土地股份专业合作社，引导农民以土地承包经营权等入股合作社，切实保障农民土地入股收益。（省农

业厅、省发展改革委、省国土资源厅、省海洋与渔业厅、省林业厅、省工商局、省供销社等负责)

(三)健全风险防范机制。稳定土地流转关系，合理确定流转年限，推广实物计租货币结算、租金动态调整等计价方式。规范新型农业经营主体租赁农地行为，建立规模流转土地经营权分级备案制度。鼓励各地加快发展多种形式的土地经营权流转市场，建立健全市场运行规则，明确交易原则、内容、方式、程序及监管责任等。建立土地流转、订单农业等风险保障金制度，并探索与农业保险、担保结合办法，提高风险防范能力。增强新型农业经营主体的契约意识，鼓励制定适合农村特点的信用评级办法体系。制定和推行涉农合同示范文本，依法打击涉农合同欺诈违法行为。加强土地流转、订单等合同履约监督，建立健全纠纷调解仲裁体系，保护各方合法权益。(省农业厅、省发展改革委、省工商局、人民银行济南分行等负责)

六、健全农业“新六产”发展服务保障体系

(一)搭建公共服务平台。搭建农村综合性信息化服务平台，提供电子商务、乡村旅游、农业物联网、市场价格、公共营销等服务。实施农技推广信息化应用示范项目，加快建立山东农业科技服务云平台，提高农科教信息化服务水平。创建农村创业创新基地(园区)目录，积极搭建农村创新创业平台，建立在线服务体系，提供全方位创业服务。(省农业厅、省经济和信息化委、省科技厅、省林业厅、省商务厅、省供销社等负责)

(二)加强农业人才队伍建设。建立政府主导、部门协作、统筹安排、产业带动的新型职业农民和农民工培训机制。深入开展统筹农民工职业技能培训和新型职业农民培育整省推进示范，推进新型农业经营主体带头人轮训计划，探索农业职业经理人培育、认定、管理机制。深入推进科技特派员制度，支持科技特派员投身农业科技创新创业、开展全链条农业科技服务。加强农村实用人才队伍建设，发挥农村实用人才带农富农作用。鼓励和引导返乡下乡人员按照全产业链、全价值链的现代产业组织方式，开展创业创新。(省农业厅、省科技厅、省人力资源社会保障厅、省林业厅等负责)

（三）强化农业科技支撑。大力实施“农业科技展翅行动”，重点加强经济作物、草食畜牧业、海洋牧场、智慧农业、精准农业、农林产品精深加工等科技研发，强化对新型农业经营主体的推广服务。加大农业科技创新工程实施力度，形成全省农业开放合作、协调创新的科研新机制。创新公益性农技推广服务方式，推行政府购买服务，支持各类社会力量广泛参与农民科技推广。加强现代农业产业技术体系创新团队建设，积极探索“创新团队+基层农技推广体系+新型农业经营主体”新型农业科研与推广服务机制，建设“农科教、产学研”上下贯通、有效衔接的省级现代农业产业技术体系。（省农业厅、省科技厅、省海洋与渔业厅、省林业厅、省畜牧兽医局等负责）

（四）打造山东农产品品牌。实施山东农产品整体品牌形象塑造工程，以互联网、广播、电视、报刊为平台，以车站、港口、机场为节点，构筑山东品牌农产品宣传网络。建立健全品牌农产品标准体系，加大对品牌标准化生产基地建设的政策支持力度，引领开展标准化生产。建立知名品牌目录，进行联合推介、捆绑式宣传。落实品牌农产品生产、出口等税收优惠政策，对品牌建设成绩突出的县级政府及品牌建设主体实行动态奖补政策。（省农业厅、省财政厅、省海洋与渔业厅、省林业厅、省新闻出版广电局、省工商局、省供销社等负责）

（五）创新农村金融服务。综合运用奖励、补助、税收优惠等政策，推广产业链金融模式，加大对农村产业融合发展的信贷支持。积极推进农村承包土地经营权、农民住房财产权抵（质）押贷款试点，推广林权、大型农机具、畜禽活体、保险保单等抵（质）押贷款业务。探索发展多样化信用互助模式。支持齐鲁农村产权交易中心整合市场资源，丰富交易品种，拓宽交易范围，创新融资模式，促进农村产权要素公开、公正、规范、高效流转。充分发挥省级农业融资担保机构作用，将发展农业“新六产”的新型农业经营主体纳入扶持范围。推动符合条件的涉农企业在境内外资本市场挂牌上市。持续推进农业保险增品提标扩面，提高政策性保险保障范围和水平。加快形成渔业政策性保险长效机制。完善农业再保险体系和大灾风险分散机制，为农业保险提供持续稳定的再保险保障。（省金融办、省发展改革委、省财政厅、省农业厅、省海洋与渔业厅、省林业厅、省商务厅、省地税局、省畜牧兽医局、省农机局、省供销社、人民银行济南分

行、山东银监局、省国税局、山东证监局、山东保监局等负责）

七、建立农业“新六产”发展推进机制

（一）强化部门协作配合。省直有关部门要密切协作配合，定期会商重大事项，实现信息互联互通，切实形成工作合力，并结合部门职能，制定完善相关政策措施，确保各项政策落地生效。省农业厅要会同有关部门对本意见落实情况进行调度督导、跟踪分析，并及时将工作进展情况报告省政府。（省农业厅牵头负责）

（二）加大政策支持力度。落实中央财政农村一二三产业融合发展资金、农业综合开发资金，向发展农业“新六产”倾斜。中央预算内投资、国家专项建设基金等优先支持符合条件的农业“新六产”发展项目。逐级建立政府优先扶持目录，支持符合条件的新型农业经营主体优先承担政府涉农项目。创新政府涉农资金使用和管理方式，研究通过政府和社会资本合作、农业信贷担保、设立基金、贷款贴息等方式，带动社会资本投向农业“新六产”领域。落实各项用水用电优惠政策，新型农业经营主体发展农产品初加工用电执行农业生产电价。市、县（市、区）政府应根据实际情况，将年度土地供应计划确定一定比例支持农业“新六产”发展。完善农业用地政策，积极支持农产品冷链、初加工、休闲采摘、仓储等设施建设。允许村庄整治、宅基地整治等节约的建设用地，采取入股、联营等方式，重点支持农业“新六产”发展。（省财政厅、省发展改革委、省国土资源厅、省住房城乡建设厅、省农业厅、省海洋与渔业厅、省林业厅、省地税局、省金融办、人民银行济南分行、省国税局、国网山东省电力公司等负责）

（三）积极开展试点示范。鼓励支持开展农业“新六产”发展试点工作，试点示范县围绕农业“新六产”发展模式、主体培育、政策创新和投融资机制等，积极探索和总结成功的做法，形成可复制、可推广的经验，示范带动全省农业“新六产”快速发展。（省农业厅、省发展改革委、省财政厅、省海洋与渔业厅、省林业厅等负责）

（四）落实各级政府责任。各级政府要充分认识发展农业“新六产”的重要

意义，作为经济社会发展的重点任务予以统筹安排；加强分类指导，因地制宜探索农业“新六产”发展模式。县级政府要强化主体责任，根据省、市有关部署，制定具体实施方案，引导资金、技术、人才等要素向农业“新六产”集聚。（各市、县〈市、区〉政府负责）

山东省人民政府办公厅

2017 年 12 月 20 日